Gregor Gysi: Über Gott und die Welt

Schwarzkopf & Schwarzkopf

Über Gott und die Welt

Gregor Gysi im Gespräch
mit Daniela Dahn, Lothar de Maizière,
Hans-Otto Bräutigam und Lothar Bisky

Herausgegeben von Dietmar Keller und Jürgen Reents

Schwarzkopf & Schwarzkopf

INHALT

VORWORT

Gregor Gysi – doch nicht als jemand, der befragt wird, sondern der Andere befragt. Eine neue Rolle für ihn und für die Zuhörerinnen und Zuhörer.

In seinem Berliner Wahlkreis in Hellersdorf/Marzahn veranstaltet Gregor Gysi seit Anfang 1999 eine Gesprächsreihe »Über Gott und die Welt«, deren erste Runden mit diesem Buch nun auch gedruckt vorliegen. Zu Gast bei Gregor Gysi waren im Jahr 1999 Daniela Dahn am 29. Januar, Lothar de Maizière am 9. März, Hans-Otto Bräutigam am 17. Mai und Lothar Bisky am 5. Juli.

Mit seinen Befragungen versucht Gregor Gysi seinen Gesprächspartnern Selbstporträts zu entlocken. »Soll tatsächlich außer Dir noch jemand reden?«, fragt Lothar de Maizière ihn zu Beginn seiner Befragung. »Deshalb ist es ja etwas Besonderes«, sagt Gregor Gysi. Selbstporträts also – aller Beteiligten – mit Einblicken in die deutsch-deutsche Geschichte aus Vor- und Nachwenden.

Die Gespräche wurden von Zeitzeugen-TV Berlin aufgezeichnet und für die Druckfassung von den Herausgebern leicht gekürzt und stilistisch überarbeitet.

Berlin, November 1999 Die Herausgeber

ZEITZEUGEN TV

ZEITZEUGEN TV
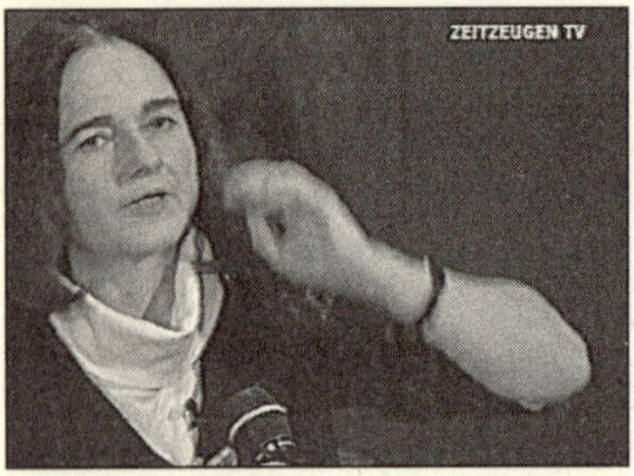
ZEITZEUGEN TV

ZEITZEUGEN TV

ZEITZEUGEN TV

ZEITZEUGEN TV

ZEITZEUGEN TV

ZEITZEUGEN TV

DANIELA DAHN

geboren:	1949 in Berlin
Vater:	Wirtschaftsjournalist
Mutter:	Kostümbildnerin und Malerin
Abitur 1968:	Volontariat beim Fernsehen der DDR; Journalistikstudium in Leipzig
1972:	Eintritt in die SED
1973-1981:	Redakteurin beim Fernsehen der DDR, zuerst beim Jugendfernsehen, danach in der Prisma-Redaktion, einem politischen Magazin
1981:	Kündigung »aus dem deutlichen Gefühl heraus, nicht mehr genug Eigenes einbringen zu können«
danach:	freie Autorin, Gründungsmitglied des »Demokratischen Aufbruch«, Austritt aus SED/PDS und DA, Mitglied des P.E.N., seit 1991 Gastdozenturen in den USA
Bücher:	Spitzenzeit, 1983 Prenzlauer Berg-Tour, 1987 Wir bleiben hier oder wem gehört der Osten, 1994 Westwärts und nicht vergessen. Vom Unbehagen in der Einheit, 1996 Vertreibung ins Paradies, 1998 In guter Verfassung, 1999

FREMDZEUGNIS

»Das Problem mit Daniela Dahn ist, dass sie sich nicht so richtig einordnen lässt. Sie macht nicht mit. Keine Verabredungen, keine Kompromisse. Zusammen mit ihrer stoischen Uneinsichtigkeit kann sie einen Gegner wütend machen. Und auch kopflos.«

Alexander Osang / In: Berliner Zeitung vom 14.12.1998

SELBSTZEUGNISSE

»Sozialismus oder Barbarei. Wir brauchen wieder eine Zuversicht. Wenn das Unrealistische der allereinzige Ausweg ist, dann hat dieser Weg eine realistische Chance.«

»Ein System, in dem die bürgerlich-freiheitlichen und die modernen sozialen Menschenrechte garantiert sind, hat es noch nicht gegeben. Sich einer solchen Zivilgesellschaft zumindest anzunähern, ist eine Utopie, für die sich der Einsatz lohnt.«

»Nur Unfreie verzichten freiwillig auf die sozialen Menschenrechte ... Nur wo die sozialen Grundrechte verwirklicht sind, können die Freiheitsrechte auch von allen wahrgenommen werden. Es gibt keine Freiheit, die nicht auf Arbeit gegründet ist.«

In: Eigentum verpflichtet. Die Erfurter Erklärung, Distel Verlag.

»... mir (kommt) die Einheit manchmal wie ein Missverständnis vor..., weil die eine Seite das Gefühl hat, sie gibt ihr Letztes, und die andere Seite meint, man nimmt ihr das Letzte.«

»Ich bin offenbar irgendwie so strukturiert, dass ich immer das Bedürfnis habe, mich einzumischen... Ich habe für mich keine andere Option, als mich immer wieder einzubringen.«

»Wenn ich beim Schreiben gegen den Strom schwimme, macht es mir Spaß. Sonst könnte ich es, glaube ich, nicht machen. Ich empfinde auch eine Befriedigung dabei, bestimmte Klischees zu hinterfragen und es auch scharf zu tun. Wenn das Geschriebene dann plötzlich gedruckt vorliegt, wird mir schon manchmal beklommen. Dann ist es aus der Hand, und ich kann nichts mehr ändern. Und ich denke: Wenn das jetzt nur nicht alles ganz falsch verstanden wird und anders, als ich es gemeint habe. Die Beklommenheit kommt, aber sie schlägt wieder um, und das Wohlbefinden überwiegt letzten Endes doch.« *13. April 1994,*

in: Günter Gaus, Zur Person, edition ost, Berlin 1998

»Indem ich die Bundesregierung kritisiere, nehme ich sie als verbesserungswürdig an.«

»Seit der Vereinigung ist die intellektuelle Streitkultur in Deutschland auf den Nullpunkt gesunken.«

»... ohne Aufarbeitung des undemokratischen Antikommunismus wird es keine innere Einheit geben.«

Vertreibung ins Paradies, rororo aktuell, 1998

»Es gibt zwei Arten, sich schuldig zu machen: durch das, was man tut, und durch das, was man nicht tut. Für mich ... ist Letzteres das Entscheidende.«

»In der DDR durfte vieles nicht gesagt werden. Aber das Nichtgesagte wurde prompt von allen zur Kenntnis genommen. In der BRD darf alles gesagt werden, aber das Gesagte wird eigentlich von niemandem zur Kenntnis genommen.«

Westwärts und nicht vergessen, Rowohlt, Berlin 1996, S. 162

»Hinter den Kulissen spielt sich... offensichtlich ein Kampf um die Deutungshoheit über das Gerechtigkeitsempfinden in Geschichte und Gegenwart ab. Ich fühle mich ins ›Paradies der politischen Zensur‹ vertrieben.« *Neues Deutschland vom 12.11.1998*

GYSI: Ich freue mich, dass ich gerade mit Dir – wir haben uns geeinigt, auch in der Öffentlichkeit beim vertrauten »Du« zu bleiben – diese Gesprächsreihe eröffnen kann. Ich habe mich sogar gründlich vorbereitet, was sonst nicht immer mein Stil ist, habe mir Biographisches notiert und möchte natürlich, wie es sich gehört für solch ein Gespräch, damit anfangen. Du hast das Wort. Wann, wo und »warum« bist Du eigentlich aufgewachsen?

DAHN: Du hast charmanterweise nicht gefragt, wann ich geboren, sondern, wann ich aufgewachsen bin. Noch kann ich es sagen: Ich wurde zwei Tage nach Gründung der DDR in der Ostberliner Charité geboren, bin dann nach Kleinmachnow gezogen, wo ich die ganze Schulzeit verbracht habe. Warum, dazu gäbe es mehr zu sagen. Vielleicht kommen wir noch darauf. Also, bis zu meinem 18. Lebensjahr war ich in Kleinmachnow.

GYSI: Das galt aber schon zu DDR-Zeiten als Edelsiedlung. So empfanden wir das zumindest hier, aus Berliner Sicht.

DAHN: Ja, wobei das ein bisschen klischiert ist, dieser Blick. Es war auch schon vor DDR-Zeiten eine Edelsiedlung. Sie ist als Künstlersiedlung direkt entstanden und gebaut worden, so nach der Jahrhundertwende, als sich die Leute zwischen UFA und Berlin niederließen. Die Nazis fingen an, Arbeitersiedlungen in den Ort zu bauen, Reihenhäuser. Auch zu DDR-Zeiten ist ein großes Industriegebiet entstanden. Es war eine durchaus multisoziale Gegend. Und als die Mauer gebaut wurde, sind viele Künstler wieder weggezogen. Also, Kleinmachnow erfüllt nicht ganz den Ruf, den man sich im Klischee so vorstellt.

GYSI: Ich habe gelesen, dass Dein Vater Wirtschaftsjournalist und Deine Mutter Kostümbildnerin und Malerin waren. Das waren ja zwei extrem unterschiedliche Berufe, und Dein Berufsweg klingt wie eine Mischung daraus. Nach dem Abitur hast Du ein Volontariat beim Fernsehen der DDR gemacht, als ob Du Kunst und Journalismus wolltest, als ob Du von beiden einen Teil nehmen wolltest.

DAHN: Weniger von beiden Elternteilen als von meinen Ambitionen wollte ich möglichst viel retten. Wir gehören ja zu der Generation, die neben dem Abitur einen Beruf lernen musste oder konnte oder sollte. Ich habe auch durch die Nähe des Wohnortes bei der DEFA Schnittassistenz gelernt. Eine Fähigkeit, die man heute in der Art kaum noch nutzen kann.

GYSI: Mit richtigem Facharbeiterbrief?

DAHN: Ja.

GYSI: Welche Note?

DAHN: Ich glaube gut oder so. Aber, was ich da gelernt habe, kann ich zumindest im Handwerklichen heute überhaupt nicht mehr gebrauchen. Wenn es mal Ernst würde, könnte ich damit überhaupt nichts mehr anfangen, denn wir haben noch nass geklebt. Das heißt, die Filmschnittstelle wurde angekratzt und richtig Leim aufgebracht und dann zusammengepresst. Heute geht das meistens elektronisch oder zumindest mit Tesafilm.

GYSI: Was durfte denn eine Assistentin nicht, was die Schnittmeisterin durfte?

DAHN: Den eigentlichen Schnitt in der Szene. Die Assistentin durfte vorbereiten, sie musste synchron anlegen und, wenn Schnitte festgelegt waren, diese in der Kopie nachholen oder sie musste die Mischung vorbereiten. Aber den eigentlichen schöpferischen Schnitt hat natürlich die Meisterin gemacht.

GYSI: Wie ist das jetzt? Ich erinnere mich gar nicht, wann ich das letzte Mal im Kino war – steht da im Abspann immer noch Schnittmeisterin oder gibt es die Berufsbezeichnung gar nicht mehr?

DAHN: Die Berufsbezeichnung gibt es noch, bloß das Handwerk ist völlig anders geworden. Das bezieht sich sicher auf viele Berufe, aber auch in diesem Falle müsste ich völlig umlernen. Der Gedanke geht noch weiter – als ich Schnitt lernte bei Spielfilmen, bei den Fallada-Filmen von Kasprik, hatte ich eigentlich Lust, Regisseurin zu werden. Damals sagten mir aber die wenigen Regisseurinnen, die es gab, das sei für eine Frau ein sehr harter Beruf. Sie würden mir vielleicht doch abraten, es wäre sehr schwer, sich durchzusetzen. Und dann dachte ich, es wäre vielleicht eine Synthese aus dem Spaß am Schreiben und auch aus dem optischen Gestalten, wenn ich Fernsehpublizistin würde. Und so ist diese Mischung entstanden.

GYSI: Wenn Dein Vater Wirtschaftsjournalist war, das war ja in der DDR ein harter Job, musste er da immerzu über die Erfüllung von Plänen schreiben, wo entweder der Plan oder die Erfüllung nicht stimmte oder beides nicht? Gab es Konflikte, hat er sich zu Hause aufgeregt? Hat er gesagt, jetzt muss ich schon wieder so einen Mist schreiben von 150 Traktoren, dabei waren mal 300 geplant, und jetzt muss ich so tun, als ob die 150 Planübererfüllung wären. Gab es da Auseinandersetzungen oder war er mit seinem Job zufrieden?

DAHN: Nein, ich kannte überhaupt keinen Journalisten, auch später in meiner Berufstätigkeit nicht, der zufrieden gewesen wäre. Natürlich gab es da viele Klagen, was wieder alles nicht ging. Er hat schon auszunutzen versucht, was an Kritik möglich war. Das war auch in den einzelnen Jahren unterschiedlich. Du wirst Dich erinnern – es ging immer in so Wellen. In manchen Jahren war mehr möglich, in manchen Jahren war es ganz borniert. Also, insofern habe ich zu Hause diese Einengungen schon miterlebt, aber auch die Chancen, dass man möglicherweise etwas verändern kann. Ich habe beides erlebt, sonst hätte ich wahrscheinlich nicht – zumindest am Anfang – den Versuch unternommen, in diese Richtung zu gehen. Ich habe diesen Versuch allerdings nicht lange durchgehalten.

GYSI: Du hast in Leipzig Journalistik studiert?

DAHN: Es gab nur da diese Möglichkeit, wenn man in eine Redaktion wollte, ja.

GYSI: Kennst Du eigentlich aus dieser Zeit noch viele Journalistinnen und Journalisten, die zusammen mit Dir studiert haben? Sind viele davon im Beruf geblieben, oder machen sie heute etwas ganz anderes?

DAHN: Es hat sich doch sehr verlaufen. Nach der Wende natürlich besonders. Ich war beim Fernsehen in Adlershof, das gibt es gar nicht mehr. Relativ viele sind zum MDR nach Leipzig gegangen. Bei manchen hat sich die Spur völlig verloren. Zu einigen wenigen habe ich noch Kontakt.

GYSI: War das Studium selbst unproblematisch für Dich? Gab es einschneidende Erlebnisse?

DAHN: Das Studium war eher dröge, muss ich sagen. Ich musste es durchstehen, weil es wirklich die einzige Chance war, später diesen Beruf zu ergreifen. Früher war es noch möglich, Journalistik zu kombinieren mit Germanistik oder Philosophie, das war in diesen Jahren dann nicht mehr möglich.

GYSI: Was hat man da eigentlich studiert? Schreiben und sprechen?

DAHN: Schreiben und sprechen und natürlich unvermeidlich Marxismus und »Neues ökonomisches System« usw.

GYSI: Na, nicht abkürzen. Es war bestimmt nicht nur Marxismus, es war mit Sicherheit Marxismus/Leninismus.

DAHN: Natürlich. Psychologie, Sprachen, war gar nicht so schlecht. Wir hatten eine intensive Sprachenausbildung und haben nebenbei Übungen geschrieben in allen Genres. Mein Lieblingsgenre war damals schon das Feuilleton, das hat Heinz Knobloch gelehrt.

GYSI: Aber investigativer Journalismus, so etwas kam als Begriff sicherlich nicht vor. Ihr solltet ja nichts rauskriegen. Du warst beim Jugendfernsehen, danach in der Prisma-Redaktion. Das sind zwei ganz unterschiedliche Dinge. Jugendfernsehen hat wahrscheinlich doch eine Menge mit realer Problematik zu tun gehabt und mit Kultur. »Prisma« war mehr ein Wirtschaftsmagazin, ein innenpolitisches. Wie kam dieser Wechsel zustande und warum?

DAHN: Beim Jugendfernsehen habe ich versucht, so eine Art »Prisma« für junge Leute zu entwickeln. Also eine publizistische Sendung, die Probleme junger Leute aufgreift. Es gab damals beim Jugendfernsehen nur die Sendung »Rund«, das war eine Musiksendung mit ganz kurzen, eher oberflächlichen journalistischen Beiträgen. Einige in der Redaktion, zu denen ich gehörte, sagten, das genügt nicht, das hat nicht genug Substanz, das muss noch ein publizistisches Gegengewicht kriegen und so haben wir die Sendung »Dreieck« entwickelt. Die war ganz beliebt, aber hielt nicht lange durch. Nach fünf Sendungen, in denen es immer Querelen gab, wurde sie verboten und es gab keine rechte Aufgabe mehr für mich beim Jugendfernsehen. Das war in der Zeit um 1976, als auch die Bierman-Ausbürgerung war. Da ich zu den ganz wenigen Fernsehmitarbeitern – muss ich leider rückblickend sagen – gehörte, die das in einer öffentlichen Versammlung kritisierten, war es plötzlich auch nicht mehr möglich, dass ich zum Kulturmagazin gehen konnte. An dem Tag, als ich anfangen sollte, wurde mir mitgeteilt: Nein, in der Kultur haben wir schon genug aufmüpfige Leute, wir müssen uns nach etwas anderem für Dich umsehen. Nachdem ich zwei, drei Wochen dann gar nichts zu tun hatte, aber – wie üblich in der DDR – bezahlt wurde, bot man mir die »Prisma«-Sendung an, weil ich da näheren Kontakt zur Basis und Betrieben hätte, und da würde ich wahrscheinlich ...

GYSI: ... geläutert ...

DAHN: ... werden. Ja.

GYSI: Und so bist Du zu »Prisma« gegangen. Wie lange warst Du da?

DAHN: Auch nicht allzu lange. Drei, dreieinhalb Jahre. Dann habe ich gemerkt, dass mein Ansatz, wirklich auch etwas verändern zu wollen, kaum möglich war, und dass es Ende der 70er Jahre immer schwieriger wurde, eigene Gedanken einzubringen.

GYSI: 1981 bist Du aus dem Fernsehen ausgeschieden. Und seitdem bist Du freie Schriftstellerin, wie es so schön hieß in der DDR. Sagt man das heute auch noch, oder sagt man einfach Schriftstellerin?

DAHN: Heute gibt es nicht mehr so viel Freie in dem Sinne. In der DDR gab es mehr – freischaffend hieß es übrigens – freischaffende Schriftsteller. Nicht etwa, weil die Schriftsteller, wie manche glaubten, ein ständiges Gehalt vom Staat bekommen hätten, wir mussten im Grunde auch in der DDR marktwirtschaftlich überleben, schon auch da vom Verkauf unserer Bücher und von Lesungen, die aber schlecht bezahlt wurden. Manche haben noch einen Zirkel schreibender Arbeiter in irgendeinem Betrieb betreut, aber sie hatten nicht, wie die meisten Schriftsteller heutzutage, irgendeine feste Anstellung als Lektor oder Redakteur oder so. Hierzulande lebt vielleicht eine Handvoll wirklich nur vom Schreiben.

GYSI: Trotzdem würde mich interessieren: das war doch ein Bruch. Du bist aus einem Arbeitsverhältnis beim Fernsehen ausgeschieden, Du bist nicht rausgeflogen, Du bist selbst gegangen.

DAHN: Ja, ich habe gekündigt.

GYSI: Du hattest doch bis dahin noch nichts geschrieben und veröffentlicht.

DAHN: Naja, ich hatte schon Kurzgeschichten gesammelt und einzelne waren veröffentlicht. Geschrieben hatte ich schon eine ganze Weile, seit meinem Studium. Ob die Sache gut geht, wusste ich tatsächlich nicht.

GYSI: Das heißt, das war ein Risiko, nicht mehr monatlichen Lohn zu bekommen und davon zu leben. Was war das Moti? Du hättest ja weitermachen können, Fernsehen und Schreiben und versuchen, was veröffentlicht zu bekommen. Warum hast Du gekündigt?

DAHN: Weil ich die Nase voll hatte. Ich dachte mir, so geht es nicht weiter. Ich wollte mehr Eigenes durchsetzen, als mir gestattet war – und diesen Sprung musste ich einfach versuchen.

GYSI: Gut, dann sind in der DDR »Spitzenzeit« 1983 und »Prenzlauer-Berg-Tour« 1987 erschienen, beide wurden relativ bekannt und waren ziemlich kritisch. In welchen Auflagen ist so etwas zu DDR-Zeiten erschienen?

DAHN: Nach heutigen Verhältnissen in zu hohen Auflagen, wobei man in Rechnung stellen muss, dass eine ganze Menge anderer Bücher, die heute im Angebot sind, nicht da waren. Man hatte es etwas leichter, an die Leser zu kommen. »Spitzenzeit« hatte – glaube ich – eine Auflage von 40.000 Exemplaren, was für einen DDR-Debüt-Band nicht schlecht war, aber auch nicht völlig ungewöhnlich. Und »Prenzlauer-Berg-Tour« lag nur ein bisschen höher, was aber damit zusammenhing, dass nicht so viel gedruckt werden konnte, wie man in Wirklichkeit hätte verkaufen können. Du erinnerst Dich wahrscheinlich, es gab immer Papierknappheit.

GYSI: ... wurde entsprechend kontingentiert.

DAHN: Und die Leser mussten die Bücher unterm Ladentisch erbetteln.

GYSI: Du bist seitdem freie Autorin gewesen und bis heute in keinem Anstellungsverhältnis, Du warst Gründungsmitglied des »Demokratischen Aufbruch« und seit 1991 Mitglied des PEN. Was bedeutete Dir die Mitgliedschaft im PEN?

DAHN: Der Schriftstellerverband war mehr oder weniger bedeutungslos geworden, er war bei allen Macken, die er sehr wohl zu DDR-Zeiten hatte, aber doch ein Podium, wo man Kollegen traf und Meinungsverschiedenheiten austrug. Das gab es plötzlich nicht mehr. Der PEN hat diese Aufgabe übernommen, es gab interessante Auseinandersetzungen und insofern dachte ich, dass es kein Nachteil sein müsste, hineingewählt zu werden. Übrigens hat das nicht auf Anhieb geklappt, ich war 1990 vorgeschlagen, wie viele andere Kollegen. Damals gab es gewisse Konfusionen, wie man sich beim PEN wählend verhalten muss, um eine Zweidrittelmehrheit zu erreichen. Das ist übrigens ein hoher Anspruch. Damals sind von 22 Kandidaten 20 durchgefallen. Es war nicht so einfach, in den PEN zu kommen.

GYSI: Und 1991 hast Du die zwei Drittel geschafft?

DAHN: Ja, es reichte.

GYSI: Wir kommen noch auf einen anderen Fall, wo die Zweidrittelmehrheit nicht zustande kam, im Dezember 1998. Was mich zunächst noch interessiert: Du bist 1972 Mitglied der SED geworden und, wenn ich das richtig weiß, 1990 ausgetreten. Du hast einmal gesagt, weshalb Du eingetreten bist. Ich zitiere aus Deinem Buch »Westwärts und nicht vergessen«: »Als Ulbricht abgesetzt wurde und die neue Dreierbande, wie ich sie lästernd nannte, Honecker, Sindermann, Stoph, eine kollektive Leitung ohne Personenkult versprach, da trat ich in die Partei ein, es gab ja nur die eine, wenn man die Absicht hatte, sich einzumischen.« Es müsste Dir ja relativ schnell aufgefallen sein, dass daraus in Wirklichkeit nichts wurde, dass der Personenkult nahtlos weiterging. Wenn die Hoffnung auf Wegfall des Personenkultes der Grund war, dann hättest Du schon bald wieder austreten müssen, es muss also noch andere Gründe für das Verbleiben in der Partei gegeben haben. Es gibt ein zweites Zitat von Dir, das ich sehr spannend finde: »Wenn ich in stillen Stunden über die Redlichkeit meiner Motive nachdenke, so fühle ich mich bei denen meines Parteieintrittes weniger unwohl als bei denen meines

Austrittes.« Und das letzte Zitat dazu: »Die Partei hatte tatsächlich die führende Rolle, im Schlimmen, wie in der Bekämpfung des Schlimmen. Unter diesen Umständen wäre mir ein Austritt nicht wie ein Austritt aus Schuld, sondern aus Verantwortung vorgekommen. Mir schien es konsequent, meinen Beruf zu verlassen, aber nicht die Partei.« Du reflektierst damit den Punkt, als Du das Fernsehen verlassen hast. Mich würde etwas konkreter interessieren, was der Grund war, in die Partei einzutreten, aber auch, was der Grund für Dich 1990 war, auszutreten, und was das heute für Dich bedeutet. Freust Du Dich, wenn Du nicht danach gefragt wirst, oder macht Dir das gar nichts aus oder wie stellt sich das heute für Dich dar?

DAHN: Nein, wenn ich nicht danach gefragt werden wollte, hätte ich darüber nicht geschrieben. Ich sehe, Du bist heute wirklich gut vorbereitet, hast die Kernsätze herausgefunden. Aber aus dem Zusammenhang gerissen ist es immer ein bisschen schwer zu verstehen. Ich erkläre das in einem ganzen Kapitel in meinem Buch. Warum hat man nicht den Schritt des Austrittes vollzogen, als man gemerkt hat, dass diese Absichten sich nicht verwirklichen lassen oder nur in Ansätzen? Warum hat man nicht eher die Konsequenzen gesucht? Ich erkläre es mir damit, dass ich in der Partei jede nur mögliche Erfahrung gemacht habe. Ich habe dort meine schärfsten Widersacher, und ich habe dort auch immer die gefunden, die mich verteidigt und rausgehauen haben, wenn ich Ärger hatte, wenn ich unbequem war. Die Partei war ja nichts Monolitisches. Wo waren denn wirklich die Dissidenten dieser Gesellschaft? Ich meine jetzt nicht künstlerische und oppositionelle Dissidenz im allgemeinen, sondern die gesellschaftstheoretischen Dissidenten? Die kamen ursprünglich alle aus der Partei. Ich denke an Milovan Djilas, Alexander Dubcek, Andrej Sacharow und bei uns an Harich und Havemann, an Hermann von Berg, Rudolf Bahro und schliesslich an Rolf Hendrich. Wenn man wirklich theoretisch fundierte Kritik diskutieren wollte, waren zumindest Wurzeln immer wieder in der Partei zu finden, obwohl die Partei diejenige war, die den Leuten die meisten Schwierigkeiten gemacht hat. So kamen die Gedanken doch auch aus dem Inneren, und insofern sage ich, die Partei hatte die führende Rolle im Schlimmen, in der Verhinderung von neuen Gedanken und Kritik, als auch im Guten, weil die oppositionellen Analysen – soweit ich mich erinnere – ausschliesslich von Genossen kamen, zumindest bevor sie rausgeschmissen wurden.

GYSI: Das Problem ist nur, dass sie dann immer rausflogen. Sonst wären wir vielleicht ein Stück weitergekommen.

DAHN: Sicher. Aber das eigentliche Problem ist, dass es außerhalb der Partei kaum eine theoretische Basis für alternative Gedanken gab.

GYSI: Da würde ich aber gegenhalten wollen und sagen, es war auch schwer, sich außerhalb ein theoretisches Fundament zu erwerben.

DAHN: Warum?

GYSI: Weil wir keine gesellschaftswissenschaftlichen Studien für Gegnerinnen und Gegner der DDR hatten.

DAHN: Na gut, das war aber innerhalb auch nicht leichter.

GYSI: Ich will nur sagen, wenn eine Gesellschaft mit einer bestimmten Ideologie und einer bestimmten Theorie konfrontiert wird, dann ist es nicht selten, dass diejenigen, die sich am meisten damit beschäftigen, in der Regel Mitglieder einer solchen Partei werden, dann aber auch am ehesten die Widersprüche zwischen der Theorie und der Realität bemerken und damit in Auseinandersetzungen und Widersprüche geraten. Schneller als Leute, die möglicherweise an die Theorie nie geglaubt haben und deshalb die Widersprüche nicht so empfinden können. Es hatte für mich immer eine gewisse Logik, dass das jemand wie Havemann war, der sich theoretisch damit beschäftigt hatte, oder auch Bahro.

DAHN: Ja, das hat eine Logik. Und insofern hatte es auch eine Logik, immer wieder darauf zu hoffen, dass Widerspruch und Veränderung von innen kommen. Und dass, wenn man raus geht, man eigentlich auch raus ist aus dieser Diskussion und aus der Möglichkeit, etwas verändern zu können. Dass auch Illusionäres dabei war, ist rückblickend gesehen klar, und nicht zufällig habe ich in der Wendezeit sehr schnell Kontakt gehabt zu den Leuten, die wirklich einen anderen Aufbruch suchten. Denn ich habe ja schon zu DDR-Zeiten diese Rolle gehabt, die sich im wesentlichen bis heute nicht geändert hat. Ich war ein Vermittler zwischen Kirche, Oppositionsgruppen, wo ich gelesen habe, von denen ich eingeladen wurde. Ich habe eigentlich überall gelesen, wo ich eingeladen wurde.

GYSI: Du bist in Ostberlin viel in Kirchen aufgetreten?

DAHN: Ja, insbesondere mit dem »Prenzlauer-Berg-Buch«. Es war für mich kein Widerspruch, bei Partei, FDJ und Blockparteien zu lesen, genauso wie in der Umweltbibliothek, der Zionskirche oder in Eppelmanns Kirche oder bei Frauen- und Friedensgruppen.

GYSI: Ich hatte übrigens bei Eppelmann auch mal eine Veranstaltung. Die Kirche war sehr voll.

DAHN: Bei mir waren es 400.

GYSI: Naja, ich will nicht in Konkurrenz treten. Nur ging es bei mir um neue Gesetze, die ich erläutern sollte.

DAHN: Ich gebe zu, dass bei mir anschließend eine Rockgruppe spielte.

GYSI: Die hat Eppelmann für mich nicht bestellt. Das bedarf noch der Auswertung. Wenn ich richtig informiert bin, bist Du im Januar 1990 aus der Partei ausgetreten.

DAHN: Ja.

GYSI: Das trifft mich allerdings persönlich. Solange Honecker und Krenz die Chefs waren, hast Du noch mitgemacht, aber als ich Vorsitzender wurde, hast Du gesagt, jetzt reicht es. Das bedarf schon einer Erklärung.

DAHN: Lässt sich erklären. Ich war seit Herbst 1989 im »Demokratischen Aufbruch«. Am Anfang war das eine Bürgerbewegung. Ich erinnere mich, als wir diese gründeten, abends in der Wohnung vom Pfarrer Erhard Neubert, habe ich – ich glaube, zum ersten Mal im Leben – es für nötig befunden, darauf hinzuweisen, dass ich SED-Mitglied bin. Sonst wurde danach nie gefragt, es hat auch niemanden interessiert. Da dachte ich, jetzt sage ich es, und habe dafür von Eppelmann und den Anwesenden einen extra Applaus bekommen, weil die meinten, das ist richtig, dass die Aufbruchdenkenden aus allen Richtungen zusammenfinden ...

GYSI: Eppelmann denkt das inzwischen nicht mehr, dafür Schäuble, aber dazu kommen wir noch.

DAHN: Am Anfang war das kein Problem, Parteimitglied und Bürgergruppenmitglied zu sein. Aber dann hat der »Demokratische Aufbruch« die Kurve genommen, eine Partei sein zu wollen, ich wurde vor die Alternative gestellt, mich für eins von beiden zu entscheiden. Und der »Demokratische Aufbruch«, das war so Ende 1989, Anfang 1990, war schon dabei, von einer ursprünglich linken Bewegung abzugleiten. Er war nämlich die einzige der Bürgerbewegungen, die »demokratischen Sozialismus« noch im Programm hatte, die das Wort überhaupt noch auszusprechen wagte. Das »Neue Forum« fand dieses Wort schon nicht mehr konsensmöglich. Der »Demokratische Aufbruch« sprang dann als Vortrupp einer Vereinigungsbewegung ab und befand sich sehr schnell ganz auf Kohl-Linie, woran Schnur einen gewichtigen Anteil hatte. In dieser Zeit, als ich noch überlegte, wo trete ich aus und wo ein, fand in der Humboldt-Uni eine Sonderparteiversammlung für alle Interessierten statt. Michael Brie kam von einer Vorstandssitzung von euch und erklärte, ihm ist heute klar geworden, die Reform der PDS ist gescheitert, diese Partei ist nicht reformfähig. Es ging eine große Enttäuschung durch die paar hundert Leute, die in dem Hörsaal saßen.

GYSI: Michael Brie ist zu dem Zeitpunkt auch aus dem Vorstand der PDS ausgetreten, aber Mitglied der PDS ist er noch heute.

DAHN: Das muss er selbst erklären. Ich muss erklären, warum ich an dem Abend zu den dreißig gehörte – Helga Königsdorf war im übrigen auch dabei, die später wieder eingetreten ist – die sagten, na, wenn das so ist, hat es keinen Zweck mehr. Ich bin dann gleichzeitig aus beiden ausgetreten. Wenn ich schreibe, »wenn ich in stillen Stunden über die Redlichkeit nachdenke, fühle ich mich eigentlich bei den Motiven des Eintrittes bestärkt«, dann habe ich wirklich ehrlichen Herzens gedacht, nur da kann man, wenn überhaupt, etwas verändern. Ich kann das bis heute nicht unredlich finden, obwohl ich eingestehen muss, dass es schon merkwürdig ist, dass ich es so lange in der SED ausgehalten habe und dann, als sich wirklich was tat, die Kurve gekratzt habe. Ich hatte nicht mehr den Nerv, das alles durchzuhalten. Das war die Zeit, wo die PDS/SED – wie sie damals noch hieß – als kriminelle Vereinigung gehandelt wurde. Vielleicht war man sogar ganz erleichtert, als da jemand kam und sagte, es wird nichts mehr mit der PDS, die ist nicht reformfähig. Aber ich hoffe, dass ich Dich anschließend als Nichtmitglied ...

GYSI: Es ist respektiert, ich wollte es bloß mal wissen.

DAHN: Ich entschuldige mich auch nicht. Ich habe immer die Meinung gehabt, dass es zweitrangig ist, wie man organisiert ist, sondern, dass es darauf ankommt, wie man sich verhält und welche Haltung man einnimmt.

GYSI: Ich akzeptiere das. Zu einem anderen Problem. Wenn ich mich richtig entsinne, wurde doch der »Demokratische Aufbruch« gegründet, als es das »Neue Forum« schon gab?

DAHN: Das lief ziemlich parallel.

GYSI: War die Gründung ein bisschen gegen das »Neue Forum« gerichtet oder war das im Sinne von »wir wollen unbedingt etwas Eigenes«? Warum hat man nicht gesagt, wir gehen alle ins »Neue Forum«? Genauso die »Initiative für Menschenrechte«, die hat sich auch selbständig gegründet. Mir hat sich das damals nicht ganz erschlossen, weshalb es plötzlich drei politische Gruppierungen gab, die ziemlich gleichberechtigt medial behandelt wurden, obwohl das »Neue Forum« Zehntausende Mitglieder hatte, wenn nicht Hunderttausende, und die beiden anderen eher kleine elitäre Zirkel blieben. Ist das eine falsche Einschätzung?

DAHN: Es waren die Wirren der Wende. Es gab auch noch »Demokratie jetzt« und die »Böhlener Plattform«. Und jeder glaubte, etwas eigenes einbringen zu können. Der »Demokratische Aufbruch« hatte schon kurz nach Gründung aus Thüringen und Sachsen ziemliche Massen an Nachschub. Das war der Grund, weshalb sich die Programmatik völlig wendete und etwas ganz anderes daraus wurde. Wir haben uns zu Beginn immer danach gefragt, wo ist unsere Spezifik, was unterscheidet uns von den anderen? Wäre es nicht wirksamer, dass man die Gemeinsamkeiten unterstreicht? Da gab es bei Eppelmann, aber auch bei Schnur, so ein »Rumgedruckse«, nein, da gäbe es doch Unterschiede. Den einen Unterschied habe ich erwähnt, der war tatsächlich sichtbar, dass die anderen sich auf den demokratischen Sozialismus nicht mehr berufen wollten. Angeblich war der »Demokratische Aufbruch« von Anfang an auch strukturell besser organisiert. An dem Abend, als wir bei Erhard Neubert, der inzwischen auch etwas anders spricht, zusammensaßen, bestand die Politik noch in der Hoffnung auf eine bessere DDR.

GYSI: Du hast nach der Wende sehr kritische Bücher geschrieben: »Wir bleiben hier oder wem gehört der Osten?«, »Westwärts und nicht vergessen. Vom Unbehagen in der Einheit«, »Vertreibung ins Paradies«. Das letzte spielte jetzt später eine große Rolle bei der Nichtwahl zur Verfassungsrichterin in Brandenburg. Aber mich würde zunächst noch interessieren, wie das kam, dass Du plötzlich angefangen hast, Dich so intensiv auch mit juristischen Fragen zu beschäftigen, mit dem Einigungsvertrag, mit der Rückübertragung von Eigentum aus der DDR an Alteigentümer in der Bundesrepublik? Das Recht spielte doch bis dahin für Dich keine wichtige Rolle. Wie kam plötzlich dieses Thema auf Dich zu oder wie kamst Du auf das Thema zu?

DAHN: Als ich nach einer viermonatigen Gastprofessur aus den USA zurückkam, wollte ich etwas Belletristisches schreiben, eine Geschichte surrealer Art, wie sich Menschen unter extremen Bedingungen verhalten. Dafür hatte ich in der Wende genügend Stoff gesammelt. Dann sah ich, was hier los ist und wie viele Menschen von verschiedensten Problemen betroffen sind. Und ich selbst war von Rückgabeforderungen in der Siedlung betroffen, in der ich in Adlershof wohne. Eine kleine Reihenhaussiedlung mit 350 Häuschen. Bei 1000 Einwohnern war plötzlich helle Aufregung ausgebrochen, weil jemand behauptete, dass sei seine Siedlung. Und in dem Falle war es kein privater Alteigentümer, sondern die uns allen nicht unbekannte Bundesanstalt für Angestellte, die mal unsere Rente berechnen wird. Das war ein übermächtiger Gegner, gegen den man sich kaum Chancen ausmalen konnte. Gegen gut bezahlte Anwälte ist schwer anzukommen. Trotzdem hat sich wieder so eine Art Bürgergruppe gebildet, ich bin in den Sprecherrat gewählt worden und war gezwungen, mich jetzt mit den Gesetzesgrundlagen auseinanderzusetzen. Wir hatten nur einen Westanwalt, und da war jede Beratungsstunde so teuer, dass wir uns selbst sachkundig machen mussten. So bin ich reingerutscht, durch eigene Betroffenheit. Je mehr ich mich damit befasst habe, je mehr ich durchschaut habe, was da eigentlich gespielt wird, desto mehr entwickelte sich das Bedürfnis, das bis zu Ende zu verstehen. Und was unsere Bürgerrechtsgruppe betrifft, wir haben es tatsächlich geschafft, nach drei Jahren Aufregung und immenser Öffentlichkeitsarbeit. Wir haben sogar das Adlergestell, eine große Ausfahrtsstraße im Süden, blockiert, auch mit einigen Rentnern, die bei uns wohnen und die sich das haben nicht träumen lassen, dass sie noch einmal bei hupenden Autos Straßen blockieren und Polizisten ihnen drohen werden. Die »Bild«-Zeitung war da und die »Abendschau« – das hatte seine Wirkung.

Da hatte ich das Gefühl, was hier läuft und was hier an Lobbyismus hinter den Kulissen passiert ist mit diesem Vermögensgesetz, das sollte man doch mal darstellen. So bin ich da hineingeraten.

GYSI: Dann wurdest Du in diesem Sinne auch ungeheuer politisch, als Du angefangen hast, Dir die Volkskammerprotokolle und Bundestagsprotokolle zu besorgen, Motivation, Wirkung, Folgen festzustellen und das Ganze literarisch aufzuarbeiten.

DAHN: Ja, weil ich im Nachhinein spürte, wie schon Legenden gewebt werden. Die SPD pflegt bis heute gern die Legende, dass sie dieses Vermögensgesetz so nie wollte und es von Anfang an ganz schrecklich fand, sich aber nicht durchsetzen konnte, weil sie keine Mehrheit hatte. Was aus verschiedenen Gründen falsch ist. Erstens hatte sie die Mehrheit, nämlich im Bundesrat. Wenn sie gewollt hätte, hätte sie es blockieren können. Und zweitens ist es schon ganz interessant nachzulesen, und ich habe das im Anhang meines ersten Buches dokumentiert, welcher Abgeordnete in der Volkskammer und im Bundestag sich wie zu diesem Vermögensgesetz geäußert hat. Da wirst Du keinen einzigen SPD-Abgeordneten in Ost und West finden, der das Vermögensgesetz kritisiert hätte. Unsere heutige Justizministerin, Frau Däubler-Gmelin, hat damals gesagt, das sei ein fairer Ausgleich, was da geschaffen wurde, damit können wir gut leben, es wird kaum Rückgaben geben. Auch Wolfgang Thierse und Richard Schröder haben damals gesagt, dass sie sehr zufrieden sind mit dieser Lösung. Übrigens, spätestens damals habe ich gemerkt, dass es einige Wenige gibt, die es doch durchschaut haben. Wenn ich das hier lobend sagen darf, ich habe auch Deine Rede oder die Auszüge, die sich auf das Vermögensgesetz berufen, in dem Anhang dokumentiert. Du hast vorausgesagt, was gekommen ist. Nämlich, dass es hunderttausende Verfahren geben wird, dass eine große Rechtsunsicherheit da ist, und dass das eine sehr unzureichende Lösung ist. Das haben damals sehr wenige gesagt.

GYSI: Du kannst immer Lobendes über mich sagen, das ist ausdrücklich erwünscht. In diesem Zusammenhang muss ich aber noch auf drei andere Fragen kommen. Du hast mal gesagt, die ganze Wende hätte nicht stattgefunden, wenn sie nicht live im Fernsehen übertragen worden wäre. Bist Du auch eine von denen, die meint, im Grunde genommen liege die Macht bei den Medien? Oder hast Du eher ein gestörtes Verhältnis zu ihnen? Wie beschreibst Du Dein Verhältnis zu den Medien? Du hast im Dezember vergangenen Jahres Medien unangenehm erlebt. Aber gleichzeitig braucht man sie auch. Was ist das für ein Verhältnis, was Du als eine Person hast, die in der Öffentlichkeit steht und deshalb durch Medien getragen, mal runtergeschrieben, dann wieder ein bisschen hofiert wird? Wie geht man damit um?

DAHN: Wenn ich sage, die Wende hätte so nicht stattfinden können, wenn sie nicht immer live übertragen worden wäre, so ist das, glaube ich, leider wahr, heißt aber nicht, dass ich es wunderbar finde, dass die Medien eine so große Macht haben. Mitunter hat man den Eindruck, sie hätten mehr Macht als die Parlamente. Die Medien sind zweifellos international zur vierten Macht geworden. Man sieht es in Amerika ganz extrem. Und ich denke, das ist einer der dringenden Punkte, über die man künftig wird nachdenken müssen. Das betrifft besonders die Privatmedien, die sich über Geld einen völlig unkontrollierten Einfluss in dieser Gesellschaft erkauft haben.

GYSI: Ist es nicht umgekehrt? Werden die nicht durch die Reklame gekauft? Da gibt es z.B. ein großes Unternehmen, das schaltet Reklame im Fernsehen. Wenn dieses jetzt zu dem Sender sagt, wenn ihr weiter so freundlich über die falsche politische Richtung berichtet, dann schalten wir bei euch keine Reklame mehr, was dann? Ist es nicht auch so, dass die Wirtschaft gerade über die Reklame Einfluss auf die Medien nimmt?

DAHN: Das ist richtig. Das ist eine gegenseitige Abhängigkeit. Die Privatmedien bedienen das natürlich in ihrem Gewinninteresse sehr optimal. Sie sprechen die eher niederen Instinkte an. Sie bringen Gewalt, Sex, Horror und Crime, um die Leute, in dem Moment, in dem die Werbung kommt, am Apparat zu haben. Das greift schon ineinander. So hat, wer immer die Macht oder sich eingekauft hat, unterm Strich eine bedenkliche – um es sehr zugespitzt zu sagen – Verblödungswirkung. Und das hat natürlich Konsequenzen für die Demokratie.

GYSI: Aber es lenkt so schön ab trotz der Verblödung.

DAHN: Das ist es ja.

GYSI: Wenn man müde und schlaff nach Hause kommt, dann macht man den Kasten an, hört noch ein bisschen dummes Zeug, und schläft hervorragend ein.

DAHN: Sicher, ein wenig Ablenkung braucht man, und wenn man es Unterhaltung nennt, ist es ja schon etwas persönlicher. Aber wenn Du nur noch Verblödung findest?

GYSI: Das ist wahr ...

DAHN: Die öffentlich-rechtlichen Sender haben jetzt das Bedürfnis nachzuziehen. Dann musst Du natürlich irgendwann fragen: Wann gefährden diese Medien die Demokratie, wann erreicht die Verblödung eine Stufe, in der die Demokratie bedroht ist, weil Mehrheitsentscheidungen Verblödungsentscheidungen geworden sind? Insofern denke ich schon, dass man über Spielregeln in den Medien nachdenken muß.

GYSI: Das Gegenteil davon ist ein gefährlicher Avantgardismus.

DAHN: Ja, sicher.

GYSI: Da ist eine Minderheit, die sagt, sie weiß eh alles besser als die Mehrheit und darf deshalb entscheiden, was für die Mehrheit richtig oder falsch ist. Das kann ja auch keine Lösung sein.

DAHN: Lösungen liegen selten im Gegenteil. Da kommen wir wieder zur Zensur. Deshalb sage ich, man wird über Spielregeln nachdenken müssen, die diese ganz schwierige Gratwanderung auf demokratische Weise lösen. Das mag anfangen bei bestimmten Entflechtungen von großen Konzernen, das mag weitergehen, darüber nachzudenken, ob zu einer Zeit, zu der viele Kinder gucken, so viel Gewalt erlaubt sein muss. Das darf auch nicht Halt machen vor der Überlegung, die, glaube ich, zum letzten Mal in der Bundesrepublik 1968 geäußert wurde, als es hieß: »Enteignet Springer«, ob Medien in diesem Ausmasse wirklich in Privathand sein müssen. Auch davor darf eine Partei wie die PDS, aber auch andere, nicht zurückschrecken. Darüber ist noch einmal nachzudenken, ob es so, wie es ist, endgültig und für immer so bleiben muss.

GYSI: Über die Welt an sich haben wir uns schon unterhalten. Jetzt kommen wir auch zu Gott. Das heißt, ich will gleich die Gretchenfrage stellen. Wie hältst Du es mit der Religion?

DAHN: Bei sehr komplizierten Problemen muss man entweder ein dickes Buch schreiben oder es in einem Aphorismus sagen. Ich habe mal letzteres versucht und habe gesagt: »Ich glaube nicht an Gott, aber ich weiß, dass er mir das nicht übel nimmt.« Und dazu gibt es noch eine kleine Geschichte.

GYSI: Wenn ich Dich unterbrechen darf: Ich lag als Kind einmal in einem Krankenhaus und neben mir lag ein Pfarrerssohn. Ich schenkte ihm meinen Talisman, damit er einmal für mich laut betete, ich kannte das von zu Hause nicht. Und dann hatte ich noch einen sehr opportunistischen Gedanken. Ich muss neun oder zehn Jahre alt gewesen sein. Ich habe mir gedacht, Mensch, vielleicht solltest Du auch einmal beten. Wenn es ihn da oben gibt, kann es Dir nutzen und wenn nicht, schadet es ja auch nichts. Dann fand ich diesen Gedanken doch zu opportunistisch und habe ihn nicht weiter verfolgt, habe aber deshalb noch immer ein bisschen ein schlechtes Gewissen. Ich verstehe schon, was Du sagen willst.

DAHN: Ich will zu diesem Aphorismus doch noch eine Geschichte erzählen. Ich war nämlich eingeladen zu einem Literaturwettbewerb in Weiden, das ist in Oberfranken.

GYSI: Da habe ich auch schon Wahlkampf gemacht.

DAHN: Also letzter Anlauf zu meiner Geschichte. Es waren etwa 20 Autoren eingeladen, jeder konnte eine ganz kurze Textstelle für ein Plakat beisteuern, das dann in den Schulen und wo auch immer man lesen würde, ausgehangen werden sollte. Ich dachte, so etwas ganz kurzes, wie der Aphorismus, den ich gerade benannt hatte, müsste doch im katholischen Weiden ganz schön anregend sein. Das Plakat wurde auch gedruckt. Dann gab es eine Protestwelle an der Schule, an der ich lesen sollte. Die Religionslehrer sagten, das ist Gotteslästerung, in einem öffentlichen Haus darf ein solcher Spruch nicht aufgehangen werden. Das war nun etwas, was ich überhaupt nicht erwartet hatte, denn dieser Spruch hat doch was Ambivalentes, und es ist nicht ganz zufällig, dass Dir Deine opportunistische Geschichte dazu eingefallen ist. Denn mein Aphorismus hat ja auch so ein bisschen was Rückversicherndes. Aber die Religionslehrer waren unerbittlich und haben gesagt, das darf hier nicht hängen. Dann musste der Direktor, der offenbar etwas liberaler gesonnen war, sich eine Interpretation einfallen lassen, warum er es doch zugelassen hatte. Er hat dann gesagt, ich würde ja mit dem zweiten Satz die Lästerung wieder zurücknehmen und einen Ansatz von Hoffnung geben, dass ich mich doch noch bekehren liesse. Das war eine Erfahrung, wie solche harmlosen Sprüche schon die Grenze der möglichen Toleranz in dieser pseudo-christlichen Gesellschaft streifen.

GYSI: Darf ich in den zweiten Teil Deiner Antwort zwei Zitate von Dir einschieben, weil ich aus ihnen zumindest entnehme, dass Dich das Problem »Religion« doch fasziniert. Das eine Zitat aus »Westwärts und nicht vergessen«: »Die Missionierung beider Weltanschauungen, Religion und Kommunismus, hat Millionen Todesopfer gekostet, Kreuzzüge, Christianisierung, Inquisition und stalinistische Säuberung. Je schöner die Utopie, desto besser lässt sie sich missbrauchen. Welche Idee ist stark genug, sich davon zu erholen?« Heißt das, dass Du beiden Ideen eine solche Stärke zubilligst? Und das zweite Zitat, da gehst Du auch wieder auf das Evangelium ein und sagst: »Nicht umsonst wurde der Kommunismus von den eigenen Leuten das Evangelium der Proletarier genannt. Und wie heißt es doch im Evangelium? Man soll sich seines Glaubens nicht schämen.« Das heißt, Du stellst ja selber zur Schrift, zum Evangelium, immer wieder Bezüge her, und deshalb vermute ich, dass es Dich erstens beschäftigt und zweitens fasziniert.

DAHN: Sicher, es muss einen ja faszinieren, was für eine Glaubens- und Geistesströmung einen so unermesslichen Einfluss auf die Zivilisation genommen hat. Und es fasziniert mich auch, dass im Grunde die kommunistische Weltanschauung auf sehr viel christlicher Ethik fußt. Das muss nicht so ein großer Widerspruch sein, atheistisch oder gläubig zu sein. Nur in der klassenlosen Gesellschaft wäre auch jeder Mensch vor Gott gleich. Wer reich ist, hat es leichter gut zu sein und die Gunst des Herrn zu erwerben. Ich hatte in der Verwandtschaft auch streng gläubige Leute. Es ist mir nie schwer gefallen, die ethisch-moralische Grundhaltung von Gleichheit, von einander ernst nehmen usw. heraus zu spüren. Mich fasziniert einerseits, wie ein solches Gedankengebäude Einfluss nehmen kann auf große Teile der Welt, auch im zivilisatorischen Sinne. Das Christentum hat nicht nur Kreuzzüge geführt, sondern auch das Mittelalter überwunden und einen anderen Umgang der Menschen untereinander befördert. Aber was mich gleichzeitig immer wieder abstößt bei den Utopien oder den verschiedenen Religionen ist das Umschlagen ins Fundamentalistische, wodurch all die guten Ansätze zunichte gemacht werden. Ich war im Dezember 1998 in Indien und habe erlebt, was Hinduismus ist, wie er zelebriert wird. Ich hatte ein gemischtes Gefühl aus Faszination und Abstoßung.

GYSI: Das wirkt vielleicht etwas fremd. Wenn ich folgende These aufstelle und sage, ich selber bin nicht religiös, empfinde mich als demokratischer Sozialist und hätte dennoch Angst, wenn immer weniger Menschen an Gott glaubten und wenn bestimmte Werte aus dem Christentum weiter an Bedeutung verlören, könntest Du eine solche These teilen?

DAHN: Ich glaube schon, dass Du auch darauf vertraust, dass die christliche Religion menschliche Bezüge intakt hält, die wir auch brauchen, dass sie eine Art von Humanismus in die Welt gebracht hat, ohne den ein demokratischer Sozialismus nicht denkbar wäre, und dass wir vielleicht im Moment gar nicht die Kraft hätten, etwas dagegen zu setzen. Und dass wir geradezu brauchen, was die zehn Gebote im Kern mal wollten, weshalb Ulbricht mal diesen sehr untauglichen Versuch gemacht hat, dem eine sozialistische Variante entgegenzusetzen.

GYSI: Da war ich gerade im Praktikum beim Kreisgericht in Weimar. Da gab es, glaube ich, den einzigen Kreisgerichtsdirektor, der Mitglied der CDU war, und der sagte zu mir: mich trifft das besonders hart, ich habe jetzt 20 Gebote zu erfüllen. War ein ganz witziger Typ, bloß zum Teil widersprachen die Moralgebote sich auch. Ich denke, ich habe klare Vorstellungen gegen eine gottlose Welt, das heißt aber doch noch lange nicht, dass die, die an Gott glauben, alle irgendwann Sozialistinnen und Sozialisten werden.

DAHN: Es gibt aber auch sehr religiöse Sozialisten.

GYSI: Richtig. Ich spüre zum Beispiel bei vielen Entwicklungen in Deutschland – ich sage mal nur die Stichworte Rassismus, Ausländerfeindlichkeit und vieles andere –, dass diese eigentlich mit Christentum nicht zu vereinbaren sind. Es ist interessant, dass beide Kirchen in der Asylfrage und bei anderen Themen für ihre Verhältnisse ziemlich viel Widerspruch zu dem herrschenden Geist in dieser Gesellschaft. Ich finde anmelden, das ist auch ihre Aufgabe. Der Kardinal von Berlin hat mal in einer Presseerklärung gesagt, dass seiner Meinung nach sich die PDS noch nicht genügend demokratisch erneuert habe. Da musste ich antworten, dass das schon sein kann, aber den Vergleich mit der katholischen Kirche halten wir diesbezüglich immer noch aus. Das hat aber nichts mit den Werten zu tun, die mir wichtig sind und bei denen ich meine, dass es auch gefährlich wäre, sich von ihnen zu entfernen, zumindest so lange es keinen Ersatz gibt. Wir haben jetzt zum Beispiel eine Situation, in der die ganze Weltordnung, wie sie nach 1945 im Völkerrecht verankert worden ist, in Bezug auf Kosovo, UN-Sicherheitsrat etc. in Frage gestellt wird. Aber eine andere ist ja nicht da. Eine andere würde auch geprägt sein durch reine Herrschaftsverhältnisse, weil es keine Norm mehr gibt, die bindet. Und das meine ich mit meiner Furcht vor einer gottlosen Zeit. Glaubst Du, dass die SED nicht gerade auch auf dieser Strecke viel zerstört und kaputt gemacht hat, und dass sie viel klüger beraten gewesen wäre, einen ganz anderen Umgang, auch in kulturellen Hinsicht, zu pflegen?

DAHN: Ganz sicher. Besonders in den 50er, 60er Jahren, wo die Idiotie soweit ging, dass Pastorensöhne und -töchter nicht studieren durften. Später gab es dieses berühmte Treffen von Honecker mit den Kirchen, da wurde es etwas besse. Aber ganz sicher war das einer der großen Fehler, dass man glaubte, auf der ganzen Linie die Kirchen bekämpfen zu müssen, und gar nicht wahrnahm, dass es viele Pfarrer gab, die eigentlich einen christlichen Sozialismus wollten, und dass dieser uns ganz gut getan hätte.

GYSI: Ich will Dich noch etwas anderes fragen. Wir Deutschen lieben ja, alles einzuschachteln. In welche Schachtel gehörst Du? Als was würdest Du Dich bezeichnen? Wäre es völlig falsch, wenn ich Dich, ich will das dann auch mit Zitaten belegen, als »Salonsozialistin« bezeichnen würde?

DAHN: Es kommt immer auf den Kontext an, wir sind hier ja in einem Salon.

GYSI: Du hast nämlich mal gesagt, Künstler sind eigentlich immer nur Salonoppositionelle.

DAHN: Das war aber etwas ganz anderes. »Salonoppositionelle« hat Bärbel Bohley die Schriftsteller der DDR genannt.

GYSI: Jedenfalls habe ich darausentnommen, wenn Du Dich als Sozialistin empfinden würdest, was ich ja noch nicht weiß, dann koppelt sich das beides, und dann kommt eben eine Salonsozialistin dabei heraus.

DAHN: Nein, nein!

GYSI: Ich habe natürlich gehofft, dass Du dem deutlich widersprichst.

DAHN: Ja, das ist eine ungerechtfertigte Koppelung. Ich habe diesen Begriff von Bärbel Bohley auch provokativ annehmen wollen, weil ich dann erklären konnte, in welchen Salons ich in der DDR wem widersprochen habe. Das war nämlich mal im Blauen Salon im Fernsehen, das war im Roten Salon, so hieß der in der Kongresshalle am Alexanderplatz auf einem Schriftstellerkongress. Also, ich könnte – das war mehr ein Gag – einige Salons aufzählen, in denen man auch widersprechen konnte zu DDR-Zeiten. Wenn Du das jetzt aber auf die Sozialistin überträgst, klingt das doch sehr merkwürdig und ich würde das schon zurückweisen. Ich etikettiere mich ungern. Ich frage ja in meinem Buch auch, wo sind eigentlich die Unterschiede zwischen einem Sozialisten und einem Sozialdemokraten. Wer kann es denn so genau erklären, wo die Übergänge sind?

GYSI: Na, schau' Dir Scharping an, schau' mich an, dann kannst Du den Unterschied feststellen.

DAHN: Aber im Programm und in der Theorie wird es schon schwieriger, wenn Du Dir das SPD-Programm anschaust, wo geschrieben steht, dass Reparaturen am Kapitalismus nicht mehr genügen, und dass eine völlig neue Gesellschafts- und Wirtschaftsordnung her muss. Da könnte ich Dich schon fragen, wo seit ihr denn da noch so sehr viel linker?

GYSI: Indem wir nicht etwas ins Programm schreiben, von dem wir ausgehen, dass es nie Realität wird. Das Programm der SPD ist sozusagen von und für ein paar Programmlinke geschrieben, und in der Praxis macht man etwas ganz anderes. Linke Programme zu schreiben, ist das eine, aber danach zu leben, das ist sehr viel komplizierter und sehr viel schwieriger. Aber trotzdem, ich wollte nicht, dass Du mich befragst, sondern ich wollte ja Dich befragen. Das ist nämlich eine sehr angenehme neue Situation für mich. Deshalb noch mal: Du kannst ja sagen, nein, es gibt für mich keine Etikettierung. Aber wenn es eine gäbe, welche würdest Du denn gelten lassen?

DAHN: Ich möchte einen demokratischen Sozialismus, noch muss man das Wort demokratisch dazu sagen, obwohl es eine Tautologie ist. Was nicht demokratisch ist, ist kein Sozialismus. Aber da dieses Wort auch durch unsere Mitschuld diskreditiert ist, mache ich diesen Zusatz, ich möchte einen demokratischen Sozialismus, wie Du – glaube ich – auch. Und wie es komischerweise auch im SPD-Programm steht, deshalb erwähnte ich das, dass es zumindest vom Programm her gar nicht so leicht zu unterscheiden ist. Im übrigen kommt meist sehr schnell die Frage, ob man mit einem solchen Anliegen überhaupt noch verfassungstreu ist. Ich finde, dass das Grundgesetz durchaus geeignet ist, diese Art von demokratischem Sozialismus, der mir vorschwebt, zu praktizieren.

GYSI: Du wolltest im Dezember Verfassungsrichterin in Brandenburg werden, das hat nicht geklappt. Du hast in der Zeit eine ganze Menge durchgemacht. Ich muss vielleicht etwas zur Landesverfassung von Brandenburg sagen, die hat eine Besonderheit. Sie besteht darin, dass sie festlegt oder zumindest ermöglicht, dass ein Teil der Richterinnen und Richter Nichtjuristen sind. Eine Mehrheit soll Juristinnen und Juristen sein. Das heißt, der Verfassungsgeber wollte, und so hat es die Bevölkerung von Brandenburg in einer Urabstimmung entschieden, eine andere als die übliche Zusammensetzung. Man wollte also nicht, dass dort nur Leute mit juristischen Erfahrungen als Richterinnen oder Richter oder als Anwälte sitzen, sondern auch welche mit einem anderen, mit einem kritischen Blick auf die Gesellschaft Verfassungsfragen beleuchten. Ganz abgesehen davon, dass Du Dich ja intensiv mit Fragen des Rechtsstaates beschäftigt hast. Das Parlament in Brandenburg hat seiner Bevölkerung, wie ich finde, einen schlechten Dienst erwiesen, und nicht ermöglicht, dass Du Verfassungsrichterin wirst. Sie hätten eine wunderbare Verfassungsrichterin bekommen, wenn sich die Zweidrittelmehrheit hätte entscheiden können, über den eigenen Schatten zu springen, was mir scheint, viel zu selten in dieser Gesellschaft geschieht, und was viel häufiger erforderlich wäre. Werden wir diesen Vorgang in einem Buch wiederfinden?

DAHN: Ich denke im Moment noch darüber nach, ob sich so etwas lohnt oder nicht. Ich glaube, ich muss noch etwas mehr Distanz dazu gewinnen, um diese Frage wirklich entscheiden zu können. Wenn, dann muss ich das wieder recht kühl machen. Das darf nicht larmoyant oder mit Schaum vor dem Mund geschehen, sondern ich müsste das in der ironisch-distanzierten Weise hinkriegen, wie ich bisher auch meine Bücher geschrieben habe. Ich fange schon an, zu sammeln und darüber nachzudenken. Diese Frage beantworte ich eher mit ja als nein. Aber ich kann nicht mit Sicherheit versprechen, ob ich die richtige Tonlage finde, ob ich dann das Gefühl habe, es hat einen solchen Verallgemeinerungsgrad, dass dieses Lehrstück, das es ja irgendwo auch war, wirklich für viele interessant ist. Das muss ich erst ausprobieren, ich werde es wohl versuchen.

GYSI: Tut so etwas persönlich weh oder nimmt man das als abstrakten politischen Vorgang, in dem man eher Objekt als Subjekt ist?

DAHN: Am Anfang hat es mir noch Spaß gemacht, weil Befürworter und Gegner mit ziemlich gleich starken Mitteln, nämlich mit Argumenten gestritten haben. Ich hatte das Gefühl, da ist durchaus auch Sachkenntnis dabei, und man könnte zur Sache reden. Aber bald hat sich das als Illusion herausgestellt. Spätestens in dem Moment, in dem die Potsdamer Außenstelle der Gauck-Behörde die Antifront organisiert hat, begannen auch die Medien zu kippen. Es kamen kaum noch Befürworter zu Wort und ich merkte sehr schnell, dass die, die sich da äußern, eigentlich nichts von mir kennen als drei, vier aus dem Zusammenhang gerissene Schreckenssätze, die einer vom anderen abschrieb. Da hörte der Spaß auf, es wurde wirklich diffamierend, es wurde eine Person auf drei Sätze reduziert, und das ist ganz schwer wieder wett zu machen. Es gab zwar Gott sei Dank auch Leute, die sich dadurch angeregt fühlten, das Buch zu kaufen und zu lesen. Aber gemessen an denen, die sich mit drei Sätzen begnügten, ist es dann doch nicht genug, um solche Missverständnisse wirklich aus der Welt schaffen zu können. Also, das war auch eine Erfahrung von Medienmacht, die nicht ganz einfach auszuhalten war.

GYSI: Derjenige, der den Brief an die Fraktionsmitglieder geschrieben und damit den Stein ins Rollen gebracht hatte, hat sich, nachdem er das Buch gelesen hatte, entschuldigt. Aber es war zu spät.

DAHN: Das ist richtig. Daran habe ich jetzt gar nicht mehr gedacht. Aber, wenn ich mich an diese zweite Anhörung erinnere, so war man zwar sehr um Sachlichkeit bemüht, ich hatte aber trotzdem den Eindruck, es geht gar nicht mehr um mich, es geht um mehr, es geht um das Verhältnis zur PDS, um Deutungshoheit über Geschichte, um interne Kämpfe gegen die Fraktionsspitze. Da kam sehr viel zusammen. Es waren zum Teil ziemlich merkwürdige Auffassungen von Rechtsstaatlichkeit, die mir entgegengehalten wurden. Eine Abgeordnete meinte sogar, wer heute ein unter rechtsstaatlichen Bedingungen zustande gekommenes Urteil eines ordentlichen westdeutschen Gerichtes kritisiert, hätte eben ein gebrochenes Verhältnis zum Rechtsstaat.

GYSI: Ich kenne nicht wenige, die kritisieren alle Urteile, die zu meinen Gunsten ergangen sind.

DAHN: Es ist ein Vorzug des Rechtsstaates, dass man Urteile kritisieren darf, und dass im übrigen Verfassungsgerichte dafür da sind, solche Urteile noch einmal anzusehen. Da gab es schon sehr merkwürdige Vorstellungen von Demokratie in dieser Fraktion. Im übrigen, selbst wenn die Zitate, die da aus dem Zusammenhang gerissen wurden, manche erregt haben, so hat doch keines dazu getaugt, wirklich eine Verfassungswidrigkeit begründen zu können. Das war schon sehr an den Haaren herbeigezogen. Insofern wurde mir zwar nach der zweiten Anhörung bestätigt, dass ich sachkundig geantwortet hätte, auch überzeugend, wie der SPD-Fraktionsvorsitzende Birthler sagte, aber das konnte nichts mehr an dem vorgefassten Abstimmungsverhalten ändern.

GYSI: Ich würde gerne in diesem Zusammenhang auf ein Thema zurückkommen, das wir schon angetippt haben: »Demokratischer Aufbruch«. Wann bist Du eigentlich aus dem »Demokratischen Aufbruch« ausgetreten?

DAHN: Ungefähr zur gleichen Zeit, als ich aus der SED / PDS ausgetreten bin. Ich habe gesagt, jetzt habe ich genug.

GYSI: Also im Januar 1990. Das heißt, der Wechsel von Schnur zu Eppelmann hatte noch nicht stattgefunden.

DAHN: Schnur war da wohl schon weg – ich kann das jetzt gar nicht mehr exakt sagen. Es waren so bewegte Zeiten.

GYSI: Nein, der Wechsel war erst im Wahlkampf.

DAHN: Ich bin nicht wegen Schnur, ich bin wegen der geänderten Programmatik ausgetreten und habe es nicht bereut. Seitdem ist mein Selbstverständnis, dass ich so eine Art vagabundierende Linke bin, die Brücken schlägt.

GYSI: Wie hast Du denn damals Rainer Eppelmann eingeschätzt? Wart ihr befreundet, oder war das ein distanziertes Verhältnis?

DAHN: Also befreundet ist übertrieben. Aber wir hatten die Illusion, ungefähr Ähnliches zu wollen.

GYSI: Damals hättest Du es für ausgeschlossen gehalten, dass er bei der CDU landet?

DAHN: Das wäre mir nicht im Traum eingefallen. Es stand ja im Programm des »Demokratischen Aufbruchs«: »Seine Mitglieder wehren sich gegen die Unterstellung, die DDR in kapitalistische Verhältnisse zurück reformieren zu wollen.« Und Eppelmann gehörte zu denen, die das am vehementesten immer wieder forderten. Damals wäre ich nicht auf die Idee seines Wandels gekommen. Ich kannte ihn aber offenbar nicht gut genug.

GYSI: Ich frage das aus folgendem Grunde: Vieles, was aus der Bürgerbewegung hervorgegangen ist, letztlich auch die Gauck-Behörde, findet bei Dir heute eine deutliche Kritik. Aber Du bist ja selbst aus der Bürgerbewegung gekommen. Dir hat noch nie jemand aus der Bewegung was vorgeworfen. Also hast Du nie mit der Staatssicherheit kooperiert. Warum Dein ungeheuer kritisches Verhältnis?

DAHN: Zu Eppelmann, oder meinst Du jetzt Gauck?

GYSI: Ich meine jetzt Gauck. Bei Eppelmann, gut, da sind es die politischen Differenzen, aber was ist es bei Gauck? Du könntest doch auch bei der Art, wie Du damals selbst eine Untersuchungskommission geleitet hast, sagen, doch, es hat etwas mit Aufklärung zu tun, hat etwas mit Wahrheit zu tun. Ich habe einen Aufsatz von Dir in der Zeitung gelesen, der sich ungeheuer kritisch mit der Behörde und mit Gauck auseinandersetzte. Was war der Bruch, oder was war für Dich der Anlass?

DAHN: Ich habe die Bürgerbewegung von Anfang an kritisiert. Und ich erinnere mich, als wir unsere erste größere Gründungsversammlung hatten, sollte ich das Programm kommentieren. Ich habe noch meine Notizen, wo ich aufgeschrieben habe, das Ökonomische ist dilettantisch. Hier ist dringend Konkretisierung nötig. Ich habe von Anfang an auch die eigene Programmatik kritisch gesehen. Allerdings habe ich am Anfang die Gauck-Behörde noch nicht kritisch betrachtet, weil auch mich die Vorstellung reizte, endlich durch die Aktenöffnung hinter die Kulissen eines so Geheimnis umwobenen, repressiven Apparates blicken zu können. Ich habe mir am Anfang mehr politische Aufklärung erhofft. Ich dachte, man wird wirklich erfahren, ob sich das schon verselbständigt hatte, ob das schon neben der Partei ein selbständiger Machtapparat war. Es hat sich aber zunehmend gezeigt, dass nicht politische Strukturen aufgearbeitet wurden, sondern dass es hauptsächlich um Personen ging, um Biographien, die durchforstet wurden, und das auch noch in einem sehr tendenziösen Sinne. Ehemalige IM's, die sich heute eher zahm oder freundlich äußern, werden in Ruhe gelassen, während Leute, die sich nicht angepaßt haben, die sehr kritisch sind, von dieser Behörde geradezu gejagt werden, ob ein Grund da ist oder nicht, Du kennst das ja. Diese Art von Instrumentalisierung von Akten, von einseitiger Auslegung, finde ich sehr kritikwürdig. Auch der Versuch der Behörden, DDR-Geschichtsschreibung auf Geschichte der Stasi zu reduzieren, geht an der Erfahrung der Menschen vorbei.

GYSI: Das heißt, die Idee hast Du damals gut gefunden und würdest Du auch heute noch unterstreichen, aber die Art der Ausführung stiess dann auf Deine Kritik?

DAHN: Ja, weil die Idee nicht eingehalten wurde. Das Schwergewicht lag nicht auf den politischen Strukturen, sondern auf den einzelnen Leuten, die man damit im Griff hatte. Insofern ist es eine Art Fortführung von Geheimdienstmethodik. Leute im Griff zu haben und unter Druck zu setzen, wenn sie unbequem werden – so war es nicht gemeint von der Bürgerbewegung.

GYSI: Übt die Entscheidung des Brandenburger Parlamentes eine andere Art von Druck auf Dich aus?

DAHN: Es ist ja nicht so, dass damit jetzt alles, was ich bisher gemacht habe, in Frage gestellt ist. Das wäre auch nur ein Ehrenamt gewesen, das mich zwei, drei Tage im Monat beschäftigt hätte, im übrigen nicht besonders vergütet worden wäre. Ich dachte, es könnte nichts schaden, Demokratie auch einmal von einer anderen Seite kennenzulernen und ihr vielleicht näher zu kommen, indem man sie mitgestaltet, herausgefordert ist unter neuen Aspekten, über bestimmte Dinge nachzudenken. Ich habe mich, wie Du weißt, auch gar nicht so leicht dazu durchgerungen, dafür überhaupt zu kandidieren. Es hat drei Jahre gedauert, bis ich schließlich zugesagt habe. Also, es ist nicht so, dass damit nun mein ganzer Lebensanspruch verbunden gewesen wäre. Es war eine Erfahrung, die auch das, was ich künftig mache, in gewisser Weise mit prägen wird, zum Beispiel, dass man in diesem Lande alles sagen kann, so lange man Narrenfreiheit auf diesen intellektuellen Spielwiesen hat. Denn all das, was plötzlich so kritisiert wurde, lag seit Monaten und Jahren vor und war wohlwollend aufgenommen worden. Insofern konnte ich nicht auf ein solch plötzliches Umschwenken der Stimmung gefasst sein.

GYSI: Plötzlich wolltest Du in ihre Struktur eindringen. Bis dahin warst Du draußen.

DAHN: Ich war völlig draußen, ich hatte nichts zu entscheiden und nichts zu sagen, außer dem bisschen Literatur: das kann man lesen, das muss man nicht lesen. Und plötzlich kam ich in die Nähe einer Institution, die hierzulande ein sehr großes Image hat: Verfassungsgerichte. Ich habe fast den Eindruck, als ob die Brandenburger Abgeordneten möglicherweise die Gestaltungskraft dieser Institution etwas überschätzen. Entscheidungen, wirklich prägende Entscheidungen, fallen letzten Endes doch woanders. Landesverfassungsgerichte können im Konkreten etwas beeinflussen, aber nicht ein einzelner Richter, noch dazu von denen, die dort als Nichtjuristen auftreten, die sind ja in der Minderheit. Die Juristen hätten mit sechs gegen drei Laienrichter immer die Mehrheit gehabt. Die Nichtjuristen haben sowieso nur die Aufgabe, durch ihre Kenntnis der Stimmung und Meinung der Menschen Fragen zu stellen in diesem Gremium, zu sagen, das versteht man nicht, dies müsste man wohl in diese Richtung auslegen, um so die Argumentationstiefe der Fachjuristen herauszufordern. Und das hätte ich mir schon zugetraut. Aber es ist nicht so, dass ich jetzt nicht wüsste, was weiter zu tun wäre. Gerade diese überhöhte Forderung an Angepasstheit, sobald man in solche Strukturen kommt, ist eine Erfahrung, die mich motiviert, bei meiner Meinung zu bleiben und weiter zu schreiben wie bisher.

GYSI: Wie sichert man die Kompetenz von Politikerinnen und Politikern? Das ist im Kern Deine Frage. Das berührt auch das demokratische Wahlrecht und die Verantwortung von Parteien. Die politischen Strukturen werden immer komplizierter und es ist so, dass ich von zehn Gesetzen, über die ich mitbeschließe, vielleicht von fünf bis sechs etwas verstehe.

DAHN: Das ist schon viel.

GYSI: Richtig, die Quote gilt als relativ hoch. Bei den anderen bin ich in Wirklichkeit völlig überfordert und verlasse mich darauf, was der in meiner Fraktion Zuständige oder die in meiner Fraktion Zuständige sagt, ob das in Ordnung geht oder nicht. Weder von den Zeitabläufen noch von der Menge des Textes her könnte ich schaffen, das zu lesen. Auch vom Stoff her nicht. Zum Teil sind das Gesetze mit vielen naturwissenschaftlichen Formeln, die verstehe ich gar nicht. Und wenn sie mir einer erklären würde, kann ich immer noch nicht einschätzen, welche Folgen mit diesen oder jenen Festlegungen verbunden sind. Das beschäftigt mich seit langem, weil es zum Beispiel auf Bundesebene zur faktischen Verschiebung der Funktion der Legislative zur Exekutive führt. Die Fachleute sitzen in den Ministerien, und im Grunde genommen sind wir als Parlament auf deren Fachwissen angewiesen und können uns wirklich nur in Dinge einmischen, bei denen das Politische ganz klar im Vordergrund steht. Nur, wenn Du Kompetenz zu einer Bedingung formulierst, schränkst Du das passive Wahlrecht ein. Und wer ist dann das Gremium, das sagt, die ist kompetent, die nicht, der ist kompetent, der nicht? Vor einem solchen Gremium hätte ich Manschetten, weil ich nicht wüsste, wie kompetent dieses Gremium wäre. Eine andere Frage ist, wie stellen Parteien ihre Kandidaten auf? Und da können wir kritisch über verschiedene Parteien nachdenken, weil das ja zum Teil Kriterien sind, die mit Kompetenz überhaupt nichts zu tun haben. Da geht es zum einen um Quoten, da geht es zum anderen um Symbole, da geht es auch um mediale Eignung – übrigens nicht zu Unrecht –, da geht es also um die verschiedensten Gesichtspunkte, um die verschiedenen Strömungen und Flügel, alle müssen entsprechend berücksichtigt werden, so dass die Frage, wer ist kompetent in der Gesundheitspolitik oder in der Rechtspolitik oder in der Wohnungspolitik, wahrscheinlich die allerletzte Frage ist, die bei der Aufstellung der Kandidaten eine Berücksichtigung findet. Und das ist allerdings wirklich ein Problem. Darüber müssen sich alle Parteien, da nehme ich meine überhaupt nicht aus, Gedanken machen. Wir müssen professioneller werden, auch in der Politik. Wir können nicht erwarten, dass in der Wirtschaft, in den Medien, überall, alles professionell wird, nur bei uns darf das Laienspiel vorherrschen. Aber zu professionell wünsche ich mir Abgeordnete auch nicht, dann werden sie eine zu abgehobene Kaste, die mit dem wirklichen Leben gar nichts mehr zu tun hat. Die richtige Mischung zu finden, ist ein ganz kompliziertes Thema. Und dafür eine Struktur zu finden, ist noch schwieriger.

DAHN: Darf ich eine Zusatzfrage stellen? Wenn Du Dich jetzt schon von der Kompetenz der Bürokraten in den Ministerien abhängig fühlst...

GYSI: ... in den Ministerien sind auch nicht alles Bürokraten, da gibt es auch andere Leute, gute Fachleute.

DAHN: Ich habe jetzt einfach die, die in einem Büro sitzen, Bürokraten genannt. Fühlst Du Dich nicht im Grunde als Parlamentarier viel mehr dadurch entmündigt, dass, ich glaube, 50 Prozent der Entscheidungen nicht mehr im eigenen Parlament fallen, sondern von den Bürokraten in Brüssel getroffen werden? Inwieweit ist das Parlament überhaupt noch souverän, und inwieweit schreitet das fort, dass Entscheidungen woanders fallen?

GYSI: Das schreitet natürlich fort. Mit der Einheitswährung und mit der Europäischen Zentralbank werden EU-Richtlinien eine immer größere Rolle spielen. Hinzu kommt der ständig wachsende Einfluss des Kapitals und der Wirtschaft. Man muss sich ja nur die Diskussion zum Atomausstieg ansehen, wer das Sagen hat, wie der Primat der Politik immer wieder in Frage gestellt wird. Tucholsky ist nach wie vor höchst aktuell: »Sie dachten, sie hätten die Macht. Dabei waren sie bloß in der Regierung.« Es ist nun allerdings auch nicht so, dass die Politik gar keine Widerstandsmöglichkeiten gegenüber Wirtschaft und Kapital hätte. Man muss sie nur nutzen und den Mut dazu haben. Aber der Lobbyismus in Bonn ist besonders groß. Allerdings auch von Verbänden. Man braucht nur ein Gesetz zu machen zu irgendeiner spezifischen Sache, und schon hat man alle Lobbyisten da, die einen Riesendruck aus-üben, dass etwas so oder so nicht passiert. Die sagen, ja, man müsste die Steuern senken, gleichzeitig sollten aber auch die Abschreibungsmöglichkeiten, die Ausnahmetatbestände drastisch reduziert werden. Nur: immer, wenn man einen konkreten Vorschlag macht, dann kommt natürlich die entsprechende Gruppe und sagt, es ist schon vernünftig, alles zu streichen, aber bloß nicht dieses und jenes. Diese Ausnahmeregelung sei ganz wichtig, sie müsse bestehen bleiben, und jene sei auch aus irgend einem Grunde mal eingeführt worden. Die Börsen entscheiden heute noch mehr als die Konzerne, denn auch ein Konzernmanager ist heute viel stärker von der Börse abhängig als noch vor einigen Jahren. Da gibt es eine anonyme wirtschaftliche Machtkonzentration, zum Beispiel in Form von Finanzfondsverwaltungen, die massenhaft Aktien halten. Sie entscheiden durch Kauf oder Verkauf von Aktien, welche Stellung ein Konzern hat. Da gibt es riesige Spekulationsgewinne mit erheblichen Auswirkungen. Deshalb meine ich, es steht die Frage, ob wir wieder die Finanzwirtschaft kontrollieren und damit den Einfluss auch der Gesellschaft darauf erhöhen, oder nicht. Im Augenblick ist die Bereitschaft leider sehr gering, aber ich denke, wir werden irgendwann nicht umhin kommen. Jetzt sind wir schon bei Grundsatzfragen, und das wollte ich heute eigentlich nicht. Bleibt mir nur, Dir, Daniela, Dank zu sagen.

LOTHAR DE MAIZIÈRE

geboren:	1940 in Nordhausen
Vater:	Rechtsanwalt
1956:	Eintritt in die CDU
1958:	Nach Abitur Studium an der Musikhochschule in Berlin im Fach Viola, Berufsmusiker
1969-1975:	Juristisches Fernstudium an der Humboldt-Universität Berlin
1976:	Aufnahme in das Kollegium der Rechtsanwälte in Berlin, 1987 zum stellvertretenden Vorsitzenden des Kollegiums gewählt
1989:	Wahl zum Parteivorsitzenden der CDU, Stellvertreter des Ministerpräsidenten und Minister für Kirchenfragen in der Modrow-Regierung
1990:	Wahl zum Ministerpräsidenten der DDR, im Oktober Wahl zum stellvertretenden Vorsitzenden der CDU der BRD, Eintritt in die Bundesregierung als Bundesminister für besondere Aufgaben, Rücktritt als Bundesminister im Dezember 1990 nach Vorwürfen angeblicher Tätigkeit als IM der Staatssicherheit der DDR
Ende 1991:	Rücktritt als Stellvertreter Kohls im CDU-Parteivorsitz, Rücktritt als Landesvorsitzender der CDU in Brandenburg, Aufgabe des Bundestagsmandats, seitdem wieder als Rechtsanwalt tätig
Buch:	»Anwalt der Einheit«. Im Gespräch mit Christine de Maizière, 1996

»Wer ist dieser Lothar de Maizière? Ein störrischer Querkopf oder ein Mann, der weiß, was er will? Ein zaudernder Schöngeist oder ein zäher Verhandler? Frommer Kirchenmann oder Stasi-Gehilfe? Es kommt auf den Standort an ...«

»Es entsprach seinem preussischen Tugendsinn und seinem protestantischen Bekennermut, dass er meinte, allein im Anwaltsstand überleben zu können. Stets in den Spiegel blicken zu können, ohne rot zu werden – mit diesem Vorsatz ging er in seinen neuen, zweiten Lebensberuf.«

In: Ernst Eilitz, Sie waren dabei, DVA Stuttgart 1991

»Anwalt der Einheit« – ist der Titel zu wenig bescheiden für einen, der dem Drängen aus dem Westen oder auch von Günther Krause auf schnelle Einheit länger seinen Widerstand entgegensetzte, weil er für den Übergang in Würde war? Ich denke nicht. So einfach, wie wir 1990 glaubten, konnte die Einheit nicht werden, nach 45 Jahren Teilung, bei so vielen Unterschieden.«

Wolfgang Schäuble, in: FAZ vom 23.4.1996

»Er war nicht mehr zu retten. Seinem Ruf, ein ›Selbstmörder im Angesicht des Abgrundes‹ zu sein – er haftete ihm im Westen an, seit der die politische Bühne betrat –, blieb er bis zum Ende treu ... Die Mühe war umsonst. ... De Maizières Berater hätten es wissen müssen. Selbst wenn ihm die ›Edelkunst der Selbstdarstellung‹ nicht dermaßen zuwider wäre, es gäbe mit einem protestantischen Preußen von seiner kargen Machart ohnehin nicht viel zu inszenieren. Im vergangenen Jahr hatten sie oft genug erlebt, dass er kein Politiker nach Bonner Passform war, sondern ein Überzeugungstäter, der wollte, was er musste – der Schrecken für die Profis. Zum Schluss fassten sie sich nur noch theatralisch an den Kopf oder ächzten, wenn sein Name fiel ... Heute weiß er, dass er einen Fehler machte, als er für sich die Rolle eines Anwaltes der Ostdeutschen bei den Westdeutschen beanspruchte. (...)

De Maizière konnte stur bis zum Starrsinn sein. Er brachte es fertig, Fraktionen, Parteien und zuletzt – in der Frage des Wahlrechtes und des Termins für die erste gesamtdeutsche Wahl – die Öffentlichkeit beider deutscher Republiken gegen sich aufzubringen: Es machte ihm gar nichts aus. Er hielt es für seine Pflicht. ›Nicht aus wahltaktischen, sondern aus staatsrechtlichen Gründen‹ wollte er, dass in zwei getrennten Wahlgebieten gewählt wird ...

Er selber betrachtete seine Sturheit oft nur als Notwehr. ›Das Verhandlungskapital, das wir hatten, war so klein. Es war nahe null. Wer bei diesen Verhandlungen etwas erreichen wollte, konnte nur stur bleiben und nein sagen. Schließlich waren wir noch souverän. Da musste man sich mit Standfestigkeit behelfen.‹ Aber es war wohl oft nur der Mut der Verzeiflung.«

Nina Grunenberg in: Die Zeit vom 26.9.1991

SELBSTZEUGNISSE

»Ich bin kein Zukurzgekommener ... Ich habe im Rahmen meiner Möglichkeiten meine Biographie ausgeschöpft. Und das Dasein in der DDR ließ sich ja im christlichen Sinne ertragen: Vielleicht hat es sollen so sein.« *Zitiert nach: Ernst Elitz, a.a.O.*

»Im Osten gab es vielleicht drei Prozent Täter und drei Prozent Opfer, der Rest war Volk und wollte auch nichts anderes sein. Der Anspruch auf Bequemlichkeit ist nach meiner Überzeugung ein legitimes Menschenrecht. Die DDR hat es den meisten ihrer Staatsbürger zugestanden. Das zu sagen, sollte erlaubt sein, ohne sich dafür entschuldigen oder im selben Atemzug auf die Mauer und Bautzen hinweisen zu müssen.« *In: Sächsische Zeitung vom 19.5.1998*

»Ich bin überzeugt, dass ein System nicht schuldig werden kann. Dagegen glaube ich, dass diktatorisch konstruierte Systeme Menschen leichter in Schuld führen als demokratisch konstruierte. Das heißt: Wenn wir nicht wollten, dass sich etwas DDR-artiges wiederholt, müssen wir analysieren, wie das System konstruiert war ... Man kann ein Volk nicht in Täter und Opfer einteilen. Es gab fünf Prozent Täter, fünf Prozent Opfer, der Rest war Volk, das versucht hat, sich in dem System einzurichten ... Eine Amnestie macht nur dann Sinn, wenn die Bevölkerungsmehrheit sagt, wir finden es richtig, dass Schluss sein muss ... Amnestie heißt noch nicht Amnesie. Es will ja keiner vergessen, sondern die strafrechtliche Verfolgung beenden ... Es geht darum, wie die Ostdeutschen im geeinten Deutschland ankommen. Wir brauchen einen Zeitpunkt, wo gesagt wird, jetzt ist der Beitritt abgeschlossen. Punkt.«

Interview mit Nick Reimer, TAZ vom 9.1.1999

»Als ich 1991 den Bettel hinschmiss, sagten manche: ›Das kannst Du nicht machen, Du stehst für die Ostdeutschen.‹ Aber ich habe gemerkt, dass ich es nicht schaffe, auf Dauer ein öffentlicher Mensch zu sein. Ich hatte im Gegenteil das Gefühl, dass ich dadurch sogar leistungsfähiger würde. Ich bin wohl eher ein Mann der zweiten Reihe.« *Interview mit Focus vom 26.5.1997*

»Männer des Übergangs sind immer Männer mit Verfallsdatum.«

Interview mit Leipziger Volkszeitung vom 30.7.1999

GYSI: Dass wir uns länger kennen, deshalb duzen, ist nicht ganz unbekannt geblieben in den vergangenen Jahren. Also müssen wir auch nicht so tun, als ob. Das soll ja eine Vorstellung, ein Portrait sein. Es geht hier nicht um mich, es geht um Dich.

de MAIZIERE: Das wäre ja etwas ganz was Außergewöhnliches.

GYSI: Deshalb ist es ja etwas Besonderes.

de MAIZIERE: Soll tatsächlich außer Dir noch jemand reden?

GYSI: Das ist eine Frechheit. Wenn Du mich mit meiner Tochter erleben würdest, würdest Du erleben, dass ich kaum zu Wort komme.

de MAIZIERE: Das war mit Deinem Vater ähnlich.

GYSI: Fangen wir mit der Kindheit an. Du bist in Nordhausen aufgewachsen. Was hat Deine Eltern dort hin verschlagen?

de MAIZIERE: In Nordhausen wohnten die Eltern meiner Mutter. Wir wohnten in Berlin-Friedenau. Meine Mutter hatte die Gewohnheit, wenn sie ein Kind erwartete, 14 Tage vor der Geburt zu ihrer Mutter zu gehen, weil sie sich da pflegen lassen wollte. Dadurch sind wir als Kinder einer Berliner Hugenottenfamilie in Nordhausen geboren. Das haben wir unserer Mutter bis zum Schluß übel genommen.

GYSI: Gelebt hast Du da nicht?

de MAIZIERE: 1943 muss es wohl gewesen sein, gab es einen Führererlass, dass die Familien, die viele Kinder hatten, und wir waren ja eine ganze Reihe von Kindern, nach Möglichkeit die bombengefährdeten Großstädte verlassen sollten, um in Kleinstädte zu ziehen, möglicherweise, um Volk und Vaterland die zukünftigen Soldaten zu erhalten. Das war allerdings in Bezug auf Nordhausen ein ziemlicher Flop, denn Nordhausen ist am 2. April 1945 zu mehr als 85 Prozent zerstört worden. Eine der schönsten Fachwerkstädte Deutschlands ist quasi an einem Tag fast dem Erdboden gleich gemacht worden. Ich war fünf Jahre alt. Das Verbrennen der Stadt durch englische Bomben, die einen – wie man damals nannte – Cocktail aus Brand- und Sprengbomben abwarfen, um diese Fachwerkstadt zu verbrennen, und gleichzeitig, um Löscharbeiten zu verhindern, Sprengbomben dazwischen, damit die Leute sich nicht trauten, wirksame Gegenmaßnahmen zu ergreifen. Die Stadt Nordhausen liegt am Hang. Es gibt eine Ober- und Unterstadt. Ich weiß noch, dass ich an diesem Tag abends mit meiner Mutter zusammenstand und den Himmel rot sah wie beim Sonnenuntergang. Es war nicht der Sonnenuntergang, sondern es waren die Flammen der Stadt, die sich in diesem Himmel spiegelten. Es gibt Kindheitsbilder, die im dritten, vierten, fünften Lebensjahr beginnen. Dazu gehört dieses Ende des Krieges. Diese Bilder haben mich lange umgetrieben.

GYSI: Und Du kannst auch unterscheiden zwischen dem, was Dir Deine Eltern später erzählt haben, wovon man glaubt, sich zu erinnern, und dem, was wirklich eigene Erinnerung ist?

de MAIZIERE: Ich habe das vor einer Weile auch noch mal getestet. Ich war der festen Überzeugung, dass ich im Sommer/Herbst '45 mit meiner Mutter in ein Freilichttheater gegangen bin, und zwar weiß ich das, weil dort Musik gespielt wurde, die ich bis dahin nicht hören durfte: Musik von Mendelssohn-Bartholdy. Ich bin vor zwei Jahren in Nordhausen gewesen und bin in diesen Park gegangen und habe die improvisierte Freilichtbühne – man erkennt sie noch – wiedergefunden, obwohl sie sicherlich dreißig Jahre nicht bespielt worden ist. Sie war in einem kleinen Park, wo in meiner kindlichen Überzeugung Elfen und Kobolde ohnehin zu Hause waren. Ich erinnerte mich an die damalige Bühne, die Aufführung des »Sommernachtstraumes« und die Elfen, die auf der Bühne getanzt haben. Es gibt aber auch Bilder, von denen ich weiß, dass sie mir so oft erzählt worden sind, dass ich glaube, sie selbst erlebt zu haben. Ich glaube, dass es ein bisschen mit der Wucht der Ereignisse, an die man sich erinnert, zu tun hat. So ein Abbrennen einer ganzen Stadt ist ein so singulärer Vorgang, der sich einprägt. Es gibt sicherlich aus der gleichen Zeit wichtige Ereignisse, die mir überhaupt nicht mehr gegenwärtig sind.

GYSI: Das wievielte von wieviel Kindern warst Du?

de MAIZIERE: Ich bin der Zweite von vier.

GYSI: Gab es unter den Geschwistern in der Familie eine Konkurrenz, dass jeder irgendwie sehen musste, wo er bleibt und versuchen musste, sich durchzusetzen? Oder hatte da jeder seine durch die Gerechtigkeit der Eltern fest gefügte Rolle?

de MAIZIERE: Dadurch, dass ich das Zweite war, aber der erste Sohn, habe ich nicht den Komplex des zweiten Kindes. Die meisten Zweiten glauben ja immer, sie kommen zu kurz. Die ganze Aufmerksamkeit gilt dem Ersten und später dem Nesthäkchen. Das traf auch bei uns zu. Ich weiß noch, als meine Mutter mit unserem Nesthäkchen, meinem Bruder Michael, schwanger war, haben die Leute gesagt: Musste das passieren in dieser Zeit. Und sie sagte: Dieses Kind will ich haben, dies ist mein einziges Friedenskind. Sie wollte also noch mal ein Kind haben, mit dem sie nicht in den Luftschutzkeller rennen und diese Existenzängste haben musste. Meine ältere Schwester Dorothee ist ziemlich solo aufgewachsen, meine etwas jüngere Schwester Sabine und ich waren fast wie Zwillinge, und dann der Micha, ein Nachzügler. Ja, es hat Konkurrenz unter uns Geschwistern gegeben. Meine Mutter hatte die Angewohnheit, uns abends, wenn wir ins Bett gingen, auf dem Klavier etwas vorzuspielen. Derjenige, der nach ihrer Auffassung an dem Tag der Artigste war, durfte sich was wünschen. Und da war ich der Meinung, dass ich nicht häufig genug dran war, obwohl ich schon glaube, dass sie versucht hat, gerecht zu sein, dass jeder sich was wünschen durfte. Es gab auch ganz bestimmte Stücke, die immer die Dorothee oder immer Sabine oder ich wählten. Ich habe damals sehr romantisch gewählt. Ich wollte immer Schubert.

GYSI: Du hattest, so nehme ich an, zu beiden Elternteilen eine enge Beziehung. Wie hat Dich Dein Vater geprägt, wie Deine Mutter?

de MAIZIERE: Zumindest als Kind sah es so aus, als ob sie eine Arbeitsteilung hätten. Der eine übernimmt den rationalen, der andere den emotionalen Teil. Unsere Mutter war sehr warm, weich. Andererseits war sie auch jähzornig. Sie konnte furchtbar aus dem Leim gehen. Während unser Vater eigentlich sehr ausgeglichen, ruhig war. Manchmal habe ich den Eindruck, dass mein Vater mich auch ein bisschen geprägt hat durch das, was ich an ihm nicht mochte. Dass ich mir sagte, so willst Du mal nicht sein. Oder so kalt wie Hundeschnauze willst Du bestimmte Dinge in deinem Leben nicht angehen. Er versuchte, immer sehr kühl und distanziert zu bleiben. Ich habe in den letzten ein/zwei Jahren, wo ich viele sehr gute Gespräche mit ihm hatte, gemerkt, dass das zu dem Bild gehörte, das er sich von sich selbst machte. Diese Generation der um die Jahrhundertwende Geborenen, die noch mit dem Gefühl Herr Vater und Frau Mutter aufgewachsen ist, hatte eine ganz andere Eltern-Kind-Beziehung, ganz stark ausgeprägt bei der Mutter des Vaters – unsere Großmutter war unglaublich streng. Ich bin 1948 in ein Kinderheim der evangelischen Kirche für unterernährte Kinder gekommen, irgendwo an der Nordsee, und hatte ein wahnsinniges Heimweh, schrieb an alle möglichen Leute in der Hoffnung, ich kriege einen Brief zurück. Oma de Maizière schickte mir einen nach einer Woche – meinen eigenen Brief –, alle Fehler waren rot angestrichen, mit der Aufforderung, binnen Wochenfrist eine Berichtigung zu liefern.

GYSI: Das prägt.

de MAIZIERE: Das führte zumindest dazu, dass wir als Kinder Briefe an die Großmutter vorher in Kladde schreiben mussten, unsere Mutter sie korrigierte. Und dann wurde eine Reinschrift gefertigt.

GYSI: Dein Vater war Anwalt. Ich habe ihn kennengelernt. Er hatte wirklich schöne Sprüche drauf. Ein Spruch von ihm lautete: Du musst eines wissen, über Enkelkinder freut man sich immer zweimal: einmal wenn sie kommen, einmal wenn sie wieder gehen.

de MAIZIERE: Er konnte wirklich unglaublich nüchtern sein. Ich entsinne mich, als meine zweite Tochter, die Ines, geboren wurde: Ines war eine komplizierte Geburt. Das war noch die Zeit, in der die Babys nicht mit in dem Raum ihrer Mutter schliefen. Am Ende der Besuchszeit wurden sie vorgezeigt. Ines war die letzte, die gezeigt wurde. Als wir gingen, sagte mein Vater zu mir: Weißt Du mein Sohn, von allen dort eben vorgezeigten Kindern war Deins bei weitem das hässlichste.

GYSI: Das baut auf. Unter heutigem Verständnis bist Du in einem bürgerlichen Haushalt aufgewachsen, war es auch ein schöngeistiger Haushalt? Wer hat Deine Liebe zur Musik geprägt?

de MAIZIERE: Die Mutter und der Großvater. Mein Großvater war ein verhinderter Musiker. Wahrscheinlich hätte er Musik studieren müssen. Er war Zeitungsmensch, 1939 wegen Unzuverlässigkeit aus seinem Dienst entfernt worden und hatte dann eine Arbeit im Auftrag einer bürgerlichen Forschungsgemeinschaft über den Weg der Bekennenden Kirche geschrieben. Er selbst gehörte zur Bekennenden Kirche. Er hatte viel Zeit, hat sich um uns sehr gekümmert. Ich konnte z.B. eher Noten lesen, als ich Buchstaben lesen konnte. Das hat mir Großvater beigebracht, weil er auch der Meinung war, die Notenschrift wäre ja viel sinnvoller als die Buchstaben und die Wortschrift, was auch stimmt. Aber trotzdem ist es eine ungewöhnliche Reihenfolge. Wir konnten selbstverständlich vom Blatt singen, das haben wir mit ihm und unserer Mutter gemacht. Unser Vater mochte die Musik, aber wir haben ihn immer gebeten, besser nicht zu singen. Ich habe ihm gesagt: Weißt Du Vater, Du hast zwar nur einen Ton, aber der ist obendrein noch falsch.

GYSI: Dein Vater hatte einen – zumindest in der Bundesrepublik, aber auch in der DDR – ziemlich bekannten Bruder. Der war Bundeswehrgeneralinspekteur. Insofern muss das eine gespannte Situation gewesen sein, denn Dein Vater hat in der Sowjetischen Besatzungszone, dann in der DDR gelebt, gearbeitet, gewirkt. Und ich glaube, er war von Anfang an CDU-Mitglied.

de MAIZIERE: Ja, er gehörte zu den Gründungsmitgliedern 1945 in Thüringen.

GYSI: Und sein Bruder war auch in der CDU?

de MAIZIERE: Nein, er war parteilos, aber deutlich CDU-nahestehend.

GYSI: Wie war das Verhältnis dieser beiden Brüder zueinander? War das Zufall, dass sich das so entwickelt?

de MAIZIERE: Vater war der Ältere und Onkel Ulrich war der viel Jüngere, der glaubte, er müsse sich behaupten. Unser Großvater de Maizière ist 1915 im ersten Weltkrieg gefallen, die Großmutter musste die vier Kinder allein großziehen, was sicherlich nicht einfach war. Er hatte immer den Eindruck, er sei der Benachteiligte. Es gibt z.B. die schöne Geschichte, dass er, als er irgendein Kleidungsstück kriegte, was meinem Vater gehört hatte und was er nachtragen musste, ein Vorgang, der früher ganz selbstverständlich war, in seiner Verärgerung sagte: Wenn ich mal groß bin, muss ich wohl auch noch Clemens' Witwe heiraten. Er war und ist unglaublich ehrgeizig, sehr viel ehrgeiziger als mein Vater es gewesen ist, und hat auch die Existenz meines Vaters hier in Ostdeutschland als Karrierehemmnis empfunden. Ich weiß, dass in den 50er Jahren in der Familie darüber nachgedacht wurde, ob wir in den Westen gehen sollten. Das war die Zeit, wo so viele verschwanden. An sich wäre es für die familiäre Situation, wo wir herkamen, wo wir hingehört hatten, auch von der geistigen Situation, nicht ganz abwegig gewesen, wenn wir gegangen wären. Unser Vater hat damals gesagt, dieses Land hat unserer Familie vor 300 Jahren Asyl geboten, das lässt man nicht im Stich. Ich bleibe hier. Brandenburg, der Große Kurfürst hatte den Hugenotten Aufenthalt gewährt, das hieß für ihn: von hier geht man nicht weg. Solange wir hier unseren Glauben leben können, gehe ich hier nicht weg.

GYSI: In der Wehrmacht war der eine Offizier, der andere nur Gefreiter. War das auch etwas, was irgendwie eine Rolle spielte? Der eine fühlte sich zum Militär hingezogen, der andere eher abgestoßen?

de MAIZIERE: Das Problem ist, dass ich gar nicht weiß, ob Onkel Ulrich ein besonders begeisterter Soldat gewesen ist. Er hat als Oberschüler lange Zeit gehofft, er könnte Klavier studieren. Er spielt hervorragend Klavier. Aber das ging nicht. Das magere Einkommen reichte für den ersten Sohn, beim zweiten Sohn musste der Staat die Ausbildung übernehmen. Das war übrigens in Preußen ganz häufig, das der Älteste studierte und der Zweite ging zu den Soldaten, weil dann der Staat die Ausbildungskosten übernahm. So rekrutierte sich auch das preußische Herr aus den Offizieren der zweiten Söhne der Landadligen.

GYSI: Oder hing das auch mit ihrem unterschiedlichen Ehrgeiz zusammen?

de MAIZIERE: Auch. Onkel Ulrich hatte ein wesentlich besseres Abitur gemacht als mein Vater und konnte eigentlich nie verwinden, dass er nicht studieren konnte. Sie haben jedenfalls – das hat meinen Vater belastet, und ich weiß das auch aus Gesprächen mit dem Onkel – ihr Verhältnis zueinander zu Lebzeiten meines Vaters nicht mehr ordnen können. Es wäre schon wichtig gewesen, dass sie noch mal den Schrank auskippen und gemeinsam wieder einräumen. Aber das haben sie nicht getan. Ich glaube, dass dies ein Stück der Annormalität der deutschen Situation von 1945 war. Es war ja relativ zufällig, wo der eine gerade gelandet und in wessen Kriegsgefangenschaft er geraten war, und wohin er entlassen wurde. Mein Vater war in russischer Kriegsgefangenschaft, mein Onkel in englischer Gefangenschaft, ist in Flensburg festgenommen worden, während Vater irgendwo vor Berlin festgenommen wurde. Ich glaube auch, dass zumindest in bestimmten Anfangszeiten jeder für sich den Eindruck hatte, er wäre wohl in dem richtigeren Deutschland.

GYSI: Nun hast Du gesagt, Dein Onkel empfand die Tatsache, einen Bruder in der DDR zu haben, als karrierehemmend.

de MAIZIERE: Die Amerikaner haben, immer wenn es um zentrale, nichtdeutsche Führungspositionen ging, ihn nicht haben wollen, weil sie den Bruder im Osten als Sicherheitsrisiko einschätzten. Und das ging ja sehr lange. Bis Ende der 60er Jahre war er Generalinspekteur. Wir haben unseren Vater 1980 beerdigt. Und da ist er nicht gekommen, weil er noch nicht durfte.

GYSI: Wie war das in der DDR? War Dein Onkel für Dich nicht auch karrierehemmend? Westverwandtschaft war an sich schon ein gewisses Problem, für bestimmte Funktionen schied man von vornherein aus.

de MAIZIERE: Ich will nicht nachträglich behaupten, dass CDU-Mitgliedschaft eine besondere Form von Widerstand gewesen wäre. Aber es war doch etwas anderes als SED-Mitglied zu sein, zumindest in der klaren Ablehnung der atheistischen Grundposition. Natürlich habe ich einen Vorteil gehabt. Ich bin 1961 gemustert worden und wurde gefragt, ob ich verwandt wäre mit »dem«. Ich sagte, warum fragen sie diese alberne Frage, das steht in ihren Unterlagen längst drin. Ich will zu ihnen zur Volksarmee kommen, aber wissen sie, ich bin Musiker und Musiker haben in der Regel ein gutes rhythmisches Zuordnungs- und Koordinierungsvermögen. Ich möchte deshalb zu den Nachrichteneinheiten. »Sind Sie verrückt geworden? Sie hören wieder von uns.« Ich habe sehr lange nichts mehr von ihnen gehört. Und später bin ich aus gesundheitlichen Gründen auch ausgemustert worden. Aber das war vor allen Dingen insofern schön, als es noch vor der Anordnung über die Bildung für

Baueinheiten im Bereich der Nationalen Volksarmee war, die war ja erst 1964. Ich hatte in meiner Tasche ein Schreiben, dass ich den Dienst auf jeden Fall ablehnen werde. Aber ich habe gedacht, erst einmal versuchst Du so durchzukommen. Den Zettel holst Du erst dann raus, wenn es nicht zu umgehen ist.

GYSI: Das heißt im Klartext: Bevor Deine Gesundheit das letzte Wort hatte, hat Dein Onkel Dich vor dem Wehrdienst in der DDR bewahrt. Das muss man ihm auch mal irgendwie würdigend mitteilen.

de MAIZIERE: Das weiß er wohl. Das galt sogar noch für meinen Bruder Micha. Der ist dann allerdings später, als er schon 35 war, als er dachte, er wäre schon fast von der Schippe gesprungen, für drei Monate Übung und drei Monate Reservedienst gezogen worden. Aber da war er schon ausgebildeter Grafiker. Später sagte er mir, er hätte in seinem Leben nie so viel schwarz-rot-gold vermalt wie während dieser Armeezeit. Ich glaube, er hat in den ganzen sechs Monaten nicht ein einziges Mal irgendein Gewehr angefasst. Er hat die Einladung für die Jugendweihefeier der Tochter des Kommandeurs entworfen und gestaltet und lauter so »wichtige Aufgaben«.

GYSI: Du bist auf das Graue Kloster gegangen. Erstens, wie bist Du darauf gekommen und zweitens, wie kam man da hin? Und drittens, vielleicht zunächst mal für diejenigen, die es nicht wissen, das war doch eine besondere Erweiterte Oberschule?

de MAIZIERE: Ich bin 1954 auf die Oberschule gekommen. Damals endete die allgemein bildende Schule noch nach der 8. Klasse und dann entschied man sich, ob man zwei Jahre weitergeht bis zur mittleren Reife oder vier Jahre bis zum Abitur. Und ich wäre gerne auf eine mathematische Schule gegangen. Mathematik und Musik waren meine Lieblingsfächer. Sie gehören auch inhaltlich für mich zusammen. Mein Vater war da völlig anderer Meinung. Der sagte: Du besuchst ein humanistisches Gymnasium, wie sich das gehört. Und Du gehst entweder in Ostberlin aufs Graue Kloster oder in Westberlin aufs französische Gymnasium, und damit hast Du eine Wahl. Da habe ich von meinem Wahlrecht Gebrauch gemacht und bin aufs Graue Kloster gegangen. Das Graue Kloster war die letzte altsprachliche Oberschule in Ostberlin. Das Franziskanerkloster in Berlin ist durch die Reformation gegenstandslos geworden, ist 1574 Sitz einer Schule gewesen. Wir hatten acht Stunden Latein und acht Stunden Griechisch die Woche.

GYSI: Das blieb doch bis zum Schluß das Graue Kloster?

de MAIZIERE: 1958, als ich Abitur machte, wurde es offiziell mit dem Namen abgeschafft. Es hieß, wir wären ein Hort der Reaktion. Tatsächlich waren wir »Pastorentöchter« unter uns. In dem Jahr vorher, 1957, waren von 90 Abiturienten ungefähr 55 bis 60 nach Westberlin gegangen, um dort das 13. Schuljahr zu machen und dann zu studieren, weil ihnen hier der Studiengang verwehrt worden war. Das wollte man unterbinden. Das Kloster hat als 2. Erweiterte Oberschule weiterbestanden bis zum Ende der DDR. Aber sie hieß im Geheimen immer noch Graues Kloster. Aber sie hat nicht mehr mit der gleichen Intensität die humanistischen Inhalte gepflegt, schon allein durch die Einführung des Unterrichtstages in der Produktion war ein Schultag weg.

GYSI: Das Graue Kloster war also ein humanistisches Gymnasium mit viel Altgriechisch, viel Latein, auch mit Neugriechisch?

de MAIZIERE: Nein. Wir haben Plato und Homer im Original gelesen.

GYSI: War das eine Quälerei oder hat Dir das Spaß gemacht?

de MAIZIERE: Erstmal war das sehr stark verbunden mit der griechischen Geschichte und der griechischen Mythologie. Das fand ich schon schön. Ich habe mich damals allerdings geärgert, als ich da hin musste. In der Retrospektive sage ich, der sanfte Druck, den mein Vater ausgeübt hat, den bedauere ich nicht. Ich betrachte es als einen großen Schatz, eine solche Schule besucht zu haben.

GYSI: Deine Geschwister sind auch alle auf diese Schule gegangen?

de MAIZIERE: Sabine ist auf diese Schule gegangen. Dorothee, die Älteste, die ist in Schöneweide auf die mathematische Schule und Micha ganz andere Wege gegangen. Der hat die 10. Klasse absolviert und dann Geigenbauer gelernt, später in Schöneweide an der Fachschule für Werbung und Gestaltung Grafiker studiert. Für ihn war sehr früh klar, dass er einen künstlerischen Beruf ergreifen würde.

GYSI: Du bist 1956 in die CDU eingetreten. War das für Dich eine Selbstverständlichkeit? Oder war das mehr, weil Dein Vater auch Mitglied war?

de MAIZIERE: Die Gründe waren vielseitig. Zum einen war das die Zeit der Auseinandersetzung zwischen Junger Gemeinde und FDJ. In der »Jungen Welt« las man, die Junge Gemeinde wäre eine Außenstelle des CIA. Es war eine verrückte Zeit. Eine Zeit, in der man der Überzeugung war, dass die Religion zum Absterben verurteilt ist und maximal eine Generation sich mit diesem Unsinn noch befassen wird. Da aber der christliche Ansatz so familienvorgegeben war, wäre es für mich unmöglich gewesen zu sagen, ich gehe einen atheistischen Weg.

GYSI: Aber man hätte mit 16 in keine Partei gehen müssen.

de MAIZIERE: Es gibt Dinge in diesem Alter, wo man sagt, einerseits möchtest Du dabei sein. Ich habe noch heute zu Hause meine Karte, wo ich meine Aufbaumarken reingeklebt habe. Und ich war durchaus stolz, dass ich die meisten in meiner Klasse hatte. Das war für die Aufbauschichten im NAW. Aber andererseits hieß es eben, wer zur Jungen Gemeinde geht, ist eigentlich reaktionär. Ich hatte gemeint, wenn einer in der CDU ist, dann müssten wir das respektieren. Dem war nicht so. Unser Vater war damals Ortsgruppenvorsitzender oder Ortsverbandsvorsitzender in Treptow, und jedes Jahr, wenn der Rechenschaftsbericht fällig war und er wieder die Zahl der gewonnenen neuen Mitglieder ausweisen musste, da war dann eines seiner Kinder fällig, wenn es 16 wurde.

GYSI: Waren sie alle in der CDU?

de MAIZIERE: Dorothee, die ältere Schwester, war in der CDU, sie ist allerdings später, als sie Theologie an der Humboldt-Universität studierte, ausgetreten. Sie war in dieser Beziehung einfach konsequenter. Ich bin ja auch desillusioniert worden. Ich habe letztendlich gemerkt, dass ein eigenständiger, vom Evangelium her gedachter Weg in dieser Partei nur bedingt ging. Aber es war auch ganz bequem. Man konnte nicht mehr für andere Vereine geworben werden.

GYSI: Ihr wart Mitglieder der französisch-reformierten Kirche?

de MAIZIERE: Jein. Vater war Mitglied der französisch-reformierten Gemeinde und war selbstverständlich der Auffassung, richtig ist die Personalgemeinde, zu der man von der Herkunft gehörte. Mutter war Lutheranerin. Man geht in die Gemeinde, wo man wohnt. Das führte dazu, dass wir einen Sonntag in den Französischen Dom rannten und einen Sonntag in unsere Treptower Heimatgemeinde. Wir haben uns später für Treptow entschieden, indem wir alle in den Chor gegangen sind. Der Kantor konnte nicht jeden Sonntag auf uns verzichten. Das sah Vater ein. Micha, der mit dem Singen nichts am Hut hatte, musste also immer weiter in den Französischen Dom gehen. Der ist da auch konfirmiert worden, während ich in Treptow konfirmiert worden bin. Das war kein ernster, mehr so mit Augenzwinkern geführter Krieg meiner Eltern: wo gehört man eigentlich hin?

GYSI: Hattest Du beides, Jugendweihe und Konfirmation?

de MAIZIERE: Nein, ich wurde nur konfirmiert. Ich muss dazu sagen, dass es die Zeit war, in der noch keine Negativfolgen an die Nicht-Jugendweihe geknüpft waren. Die Schlacht zwischen Jugendweihe und Konfirmation haben wir von der Kirche tiefgehend verloren, eigentlich ein Schock, über den lange nachgedacht worden ist. Später hieß es, beides geht, aber mindestens ein Jahr muss dazwischen liegen.

GYSI: Hat die Tatsache, dass die Hugenotten in Berlin-Brandenburg aufgenommen worden sind, als sie in Frankreich verfolgt wurden, Dich z.B. bei Asylfragen im Bundestag mitgeprägt? Mir ist aufgefallen, dass Du da nie mit ins gleiche Horn gestoßen hast wie andere aus Deiner Partei. Prägt so etwas, so dass man vorsichtig ist im Umgang mit der Frage, ob man Menschen in Not aufnimmt?

de MAIZIERE: Ich denke schon und habe versucht, mich zu belesen: Wie war das eigentlich mit den Hugenotten in Berlin? Um 1700 stellten sie ein Viertel bis zu einem Drittel der Bevölkerung. Da hat man, glaube ich, eine sehr viel klügere Integrationspolitik gemacht. Sie hatten eine eigene Gemeinde, eigene Schulen, eigene Altersheime. Sie hatten sogar eine eigene Gerichtsbarkeit, in der sie nach französischem Recht entschieden haben. Allerdings nur in zwei Instanzen. Wenn sie dann nicht zufrieden waren, wurde in der letzten, in der Appelationsinstanz, nach preußischem Recht entschieden. Bis dahin, dass es eine eigene Akademie der französischen Wissenschaften in Berlin gab. Euler, der Mathematiker, war Mitglied dieser französischen Akademie der Wissenschaften. Das ist eine ganz interessante Geschichte, wie gelungene Integration auch aussehen kann. Allerdings führte dies auch dazu, dass die Hugenotten sich manchmal integrieren wollten bis zur Unkenntlichkeit. Es gibt Berichte, dass die Hugenotten die Preußischsten der Preußen waren. Die wollten in ganz besonderer Weise beweisen, dass sie treue Staatsdiener wären.

GYSI: Wir hatten zusammen einen Direktor des Stadtgerichts, der an sich Hùgot hieß, sich aber immer Hugot nennen ließ. Das wird wahrscheinlich schon von seinen Eltern ausgegangen sein, der Name wurde bewusst deutsch ausgesprochen, um die Herkunft nicht mehr so kenntlich zu machen.

de MAIZIERE: Das war in unserer Familie anders. Mit dem Namen habe ich in meinem Leben allerdings viele Verballhornungen erlebt. Ich hatte auch einen besonders liebenswerten Lateinlehrer, der mich grundsätzlich »Demisere« nannte. Ich weiß, dass mein Großvater der Erste war, der nicht innerhalb der französischen Kolonie geheiratet hat. Und: Im Französischen Dom am Gendarmenmarkt wurde bis zum Ersten Weltkrieg ein Sonntag deutsch gepredigt und ein Sonntag französisch.

GYSI: Du bist zur Musikhochschule gegangen und damit verbinden sich für mich zwei Fragen. Die erste ist, warum hast Du nicht gleich Jura studiert? Später hast Du es ja noch gemacht. Dein Vater war zu dieser Zeit schon Rechtsanwalt. Warum hast Du Dich nicht für diesen Beruf entschieden? Warum wolltest Du unbedingt in die Musik? Zweitens, wenn man nun schon Musik studiert und dann Streichinstrument, wie kommt man da auf Bratsche?

de MAIZIERE: Als Kind wollte ich am liebsten Cello spielen, weil ich diesen warmen dunklen Ton schön fand. Die Geige fand ich ziemlich quietschig und schrill. Das war nach dem Krieg, da gab es kein Cello. Dann sagte unser Hausarzt zu meiner Mutter: Ich habe noch eine Geige auf dem Hängeboden, die ist ganz ordentlich, die kann der Junge kriegen. So habe ich zunächst Geige gespielt und bin dann ganz bewusst den Schritt zur Bratsche gegangen, weil ich dachte, ich bin da dem Klangbild, was mir vorschwebte, näher.

GYSI: Das ist doch kein Zufall, dass es ganz viele Violinenkonzerte gibt, und relativ wenige, die direkt für Viola oder Bratsche geschrieben sind.

de MAIZIERE: Das hängt allerdings zusammen mit der barocken Musizierpraxis und dann der Romantik, die eben eine Melodie kannte, die in mehrfach guter Weise begleitet werden konnte. Eigentlich hat erst die Romantik dafür gesorgt, dass andere Instrumente außer Geige und Klavier auch mit Instrumentalkonzerten bedacht wurden. Zum Beispiel Weber mit seinen Klarinettenkonzerten oder Brahms. Es stimmt natürlich, dass früher auch nicht gerade die fähigsten Leute die Bratsche spielten. Berlioz hat z.B. für Paganini ein Stück für Bratsche geschrieben. Der hatte ein sehr schönes Instrument. Aber das war ihm nicht virtuos, nicht auffällig genug.

GYSI: Das war wirklich Dein Ziel, nicht, dass Du für das eine Fach nicht angenommen wurdest und Dich deshalb für das andere entschieden hattest?

de MAIZIERE: Ich habe mich mit der Bratsche an der Hochschule beworben und musste Probespielen. Ich hatte großes Glück mit meinem Hochschullehrer, Herrn Buchholz, dem ich furchtbar viel zu verdanken habe. Das hatte auch mit meiner Mutter zu tun. Sie kam eines Abends nach Hause und sagte: Ich war heute im Streichquartett der Deutschen Staatsoper, dort spielte die Bratsche ein Herr, den ruf ich morgen an, der wird ab nächste Woche Dein Lehrer. Und der war es dann ab nächste Woche. Davon ließ sich Mutter nicht abbringen. Sie war der Überzeugung, so wie der spielt, das ist richtig, das ist musikalisch wertvoll. Es war ein Mann, den wir sehr verehrt, wenn auch gefürchtet haben. Er war ein strenger Lehrer. Er konnte einmal mitten in der Unterrichtsstunde sagen: So mein Freund, jetzt gehst Du nach Hause und rufst an, wenn Du es kannst, dann darfst Du wieder zum Unterricht kommen. Da ist es natürlich heikel zu sagen, jetzt kann ich es.

GYSI: Es gibt sehr viele verschiedene Berufe. Und es gibt so einige, die zur Disziplin erziehen. Meines Erachtens gehört der Musiker-Beruf aus mehreren Gründen dazu.

de MAIZIERE: Das ist allerdings auch eine Schwäche des Berufs, man wird nie ganz mündig. Der Kutscher hat oben auf dem Bock immer Recht. Der Beruf lebt von der Disziplin und von der Selbstdisziplin, auch von einem bestimmten Corpsgeist. Aber wenn man raus aufs Podium geht, selbst wenn man mit jemandem am Pult sitzt, den man nicht leiden kann, auf der Bühne hat man zusammenzuhalten. Es gibt eine tatsächliche oder angemaßte Rangordnung im Orchester. Schlagzeuger gehören zur Schießbude, die nimmt man als Streicher nicht ganz ernst. Die machen Krach und stören. Wobei das natürlich Unsinn ist. Nimm mal den Solopauker in einem Sinfonieorchester. Wenn der sich verschlägt, dann ist der ganze Abend hinüber. Brahms Vierte, den letzten Takt, die vier einzelnen Schläge, wenn die nicht sitzen, dann ist die ganze Dramaturgie dieses Werkes hin. Da sind schon großartige Musiker drunter. Ob ich allerdings ein Leben lang Triangel spielen würde, wage ich zu bezweifeln.

GYSI: Du hast nach dem Studium in einem Orchester gespielt. Bist Du viel auf Reisen gewesen, zunächst mal in der DDR?

de MAIZIERE: Ich war längere Zeit im Zentralen Ensemble der DDR, da sind wir sehr viel rumgefahren. Ich war im Rundfunk-Sinfonie-Orchester. Das wiederum war sehr sesshaft in Schöneweide. Ich war unmittelbar nach dem Studium ein oder anderthalb Jahr in Wittenberg am Elbe-Elster-Theater. Entgegen meinem Willen und letztendlich doch. Ich habe nach dem Studium beim Bühnennachweis vorgespielt, und wir wurden eingeteilt, geeignet für Sonderklasse und Klasse-1-Orchester. Zu mir sagte man: Sie gehen als Solobratscher nach Wittenberg, Klasse 3. Ich sagte: Nein, da gehe ich nicht hin, und ging dann doch. Im Nachhinein sagte ich mir, warum nicht auch mal eine Provinz-Operetten-Klitsche mit grässlichen Abstechern von Wittenberg bis Torgau und Eilenburg. Da habe ich richtig getingelt.

GYSI: Warst Du zu dieser Zeit auch Reisekader?

de MAIZIERE: Nein. Ich bin, 1974 war es, mit dem Orchester in Italien, in Mailand, Florenz, Rom, Venedig gewesen. Ich bin dann noch einmal ins »Ausland« gekommen. Wir musizierten im Reichsbahnausbesserungswerk Schöneberg zum Tag des Eisenbahners, sind mit dem Bus hingefahren, der Bus wurde von außen abgeschlossen und wurde im RAW Schöneberg geöffnet. Als wir abends wieder einstiegen, wurde er erneut abgeschlossen. Das war schon eine ziemlich entwürdigende Angelegenheit. Aber diese Italien-Tournee war wahnsinnig anstrengend. Wir haben in zehn Tagen 15 oder 16 Konzerte gespielt, diese westlichen Agenten, wenn die ein Ost-Orchester kauften, dann beuteten sie es auch bis zum Weißbluten aus. Ich hatte vor allen Dingen das Gefühl, als wir zurückfuhren, jetzt wird der Sack wieder zugebunden. Manchmal habe ich hinterher gedacht, Du wärst besser gar nicht gefahren. Ich bin in Assisi gewesen, in dem Ort, wo Franz von Assisi seinen Orden gegründet hat und mit dieser herrlichen Kirche, die bei dem Erdbeben vor zwei Jahren erheblich beschädigt worden ist. Und es war diese Erhabenheit und Größe dieses Ortes, die mich tief beeindruckte. Aber das sind ganz wenige Bilder, die ich von dieser Tournee habe.

GYSI: Wie würdest Du einem nichtreligiösen Menschen oder einem Atheisten Deine Beziehung zu Gott erklären? Oder würdest Du sagen, es hat keinen Sinn zu versuchen, dem das zu erklären?

de MAIZIERE: Bei dem Titel Deiner Veranstaltung musste ich befürchten, dass die Frage kommt.

GYSI: Ich erzähle Dir später, wie Du es mir vor ungefähr 20 Jahren mal erklärt hast.

de MAIZIERE: Ich glaube, da hat sich so viel gar nicht geändert. Ich habe damals gesagt, ich habe das Gefühl, dass nicht nur ich über mein Leben bestimme und für mein Leben Verantwortung habe, sondern auch ein Anderer. Etwas war außerhalb von mir, das mit mir einen Plan hat.

GYSI: Wenn Du Dir die ganze Welt anguckst und vieles rational erklären kannst, bleibt immer noch viel übrig. Und da muss es noch irgend etwas anderes geben, als das, was Du siehst und denkst?

de MAIZIERE: Das wäre eine agnostische Position, einfach zu sagen, das Fassungsvermögen ist endlich. Ich glaube schon, dass es mehr ist. Es gibt in der modernen protestantischen Theologie die Auffassung, dass Gott und Menschen aufeinander angewiesen sind, dass es Gott nur gibt, weil es den Menschen gibt, der ihn anbetet. Wenn es keinen Menschen mehr gäbe, der ihn anbetet, gäbe es Gott auch nicht mehr. Das ist so eine Haltung, die jeden Katholiken erschrecken müsste, denn es würde die Omnipotenz, die Allmacht Gottes in Frage stellen und ihn eigentlich nur als Reflex menschlichen Denkens und Tuns sehen. Ich glaube, dass es einen Schöpfungsplan gibt, und dass es also nicht so zufällig und sporadisch zugeht, wie manch einer glaubt.

GYSI: Mit Schicksal kann man das nicht übersetzen?

de MAIZIERE: Nein, das würde ich nicht so sehen, abgesehen davon, dass zumindest für den Christenmenschen zu diesem Gott auch noch ein Jesus gehört und im Wirken dieses Mannes das Beispiel für menschliches Wirken. Ich glaube auch, dass es ein Stück Instanz ist, an der ich mich selber messe und mein Tun selber messen muss oder zumindest mir gefallen lassen muss, dass es geschieht. Sicherlich, das Bild des Gottvater, der da mit Rauschebart langfliegt, das lassen wir beiseite. Mich bestärkt auch die Ansicht, dass im Grunde genommen diejenigen, die nicht daran glauben, ständig mit ihren Nichtgottesbeweisen so furchtbar viel zu tun haben. Das ist eine anstrengende Geschichte. Dann nehme ich doch lieber die Tatsache an, dass es etwas ist, was sich außerhalb von mir und meiner Person vollzieht und auch außerhalb meines Denkens.

GYSI: Ich hatte jetzt einen Briefwechsel mit dem Landesbischof Hoffmann aus Thüringen, der mir sehr freundlich geschrieben hat. Ich habe in meinem Brief einen Satz formuliert, und mich würde interessieren, ob Du ihn ohne eine Erklärung verstehst. »Wenngleich möglicherweise aus anderen Gründen als Sie, fürchte ich eine gottlose Gesellschaft nicht weniger als Sie.«

de MAIZIERE: Zumindest überlassen wir ja nicht dem beliebigen Tagesgeist die Entscheidung darüber, was moralische Grenzen sind, was Werte darstellen. Unsere gesamte Kultur wird seit 2000 Jahren geprägt von dieser. Nimm doch mal die wirklich atheistische Zeit in der DDR: Man hat den Menschen alle Trostformen für Krankheit, für Tod, für Wechselfälle des Lebens genommen und hat sie letztendlich allein gelassen damit. Man hat ihnen keine Hilfe angeboten. Ich bin der festen Überzeugung, dass eine Kirche zum Stadtbild gehört als Zentrum eines Ortes. Wo Gottes sichtbare Kirche verschwindet, verschwindet auch die unsichtbare Kirche.

GYSI: Also es geht auch um Kultur, um Werte in der Gesellschaft?

de MAIZIERE: Richtig, aber ich würde es nicht einengen wollen auf das, was man als Kulturprotestantismus bezeichnet, sondern es hat schon was mit eigener Entscheidung zu tun. Weil wir vorhin über meine Kinder sprachen: Ich habe meinen Eltern eigentlich immer verargt, dass sie mich als Säugling haben taufen lassen, weil das keine freie Entscheidung ist. Ich habe bei meinen Kindern gesagt, ich will versuchen, ihnen so ein Stück vorzuleben, aber ich werde sie nicht als Säuglinge taufen lassen. Und sie haben sich alle drei irgendwann, und zwar noch zu DDR-Zeiten, als es durchaus nicht lukrativ war, dafür entschieden, sich taufen und konfirmieren zu lassen.

GYSI: Ich mache jetzt wieder einen Sprung in Deiner Biographie. Du konntest aus gesundheitlichen Gründen nicht weiter Musiker sein und hast ein zweites Studium aufgenommen, ein Fernstudium. Du hast Jura studiert. Ich nehme an, schon als Du das begonnen hast, warst Du entschlossen, Rechtsanwalt zu werden. Hattest Du, als Du Musik studiert hast, einen Moment lang auch darüber nachgedacht, später Anwalt zu werden oder kam das wirklich nur aus der Situation heraus, dass Du nicht mehr Musiker sein konntest.

de MAIZIERE: Wie ich bereits gesagt habe, Eltern prägen einen auch in dem, was man gegenhalten will. Für meinen Vater war es selbstverständlich, nach dem Abitur studiert der Junge Jura. Und für den brach eine Welt zusammen, als ich das nicht tat. Du wirst im Kaffeehaus landen, prophezeite er mir, als ich sagte, ich werde Musiker. Das entsprach überhaupt nicht seinem bürgerlichen Bild. Ich wollte wirklich Musiker werden, aber ich habe es auch ein Stück weit getan, um ihm zu zeigen, dass ich einen eigenen Weg gehe. Später wird man ja versöhnlischer. Ich konnte damit umgehen. Auch als Anwalt habe ich meinen eigenen und damit einen anderen Stil gefunden, als ihn Vater als Anwalt praktizierte. Das war mir auch wichtig. Ich wollte nicht das Gleiche machen.

GYSI: Wann wurdest Du Rechtsanwalt?

de MAIZIERE: Ich bin 1975 in die Assistentenzeit gegangen und bin dann vorzeitig zum 1. Mai 1976 zugelassen worden.

GYSI: Mai 1976 war die Zeit, in der wir uns im Berliner Rechtsanwaltskollegium kennenlernten. Wir waren – und das gilt für Dich besonders – noch Allround-Anwälte, wie man sie heute überhaupt nicht mehr kennt. Wenn ich das richtig weiß, hast Du Zivilrecht, Arbeitsrecht, Verwaltungsrecht, Steuerrecht und Strafrecht gemacht.

de MAIZIERE: Steuerrecht war eine ziemliche Spezialisierung.

GYSI: Das haben nur wenige gemacht. Du hast das zusätzlich gemacht. Wir hatten auch einige, die haben nie Strafrecht gemacht. Oder andere haben nur Strafrecht gemacht. Im Grunde war das aber nicht der typische Ansatz. Wenn Du heute Dein Anwaltsleben in der DDR zusammenfasst, wie würdest Du diese Zeit insgesamt bewerten? War sie für Dich eine berufliche Erfüllung, warst Du in dieser Zeit glücklich? Oder überwog die Unzufriedenheit?

de MAIZIERE: Ich bin Anwalt geworden, als ich Mitte 30 war. Das heißt, ich war euch gegenüber zehn Jahre älter. Ich habe mir damals gesagt, Du musst ranklotzen. In fünf Jahren willst Du zur Spitzengruppe gehören. Ich glaube, das ist mir auch gelungen. Es steckte auch ein Stück Bewältigung und Selbstbeweisen drin, dass man sagt, ich will ein guter Anwalt sein. Ich habe den Beruf als durchaus ausfüllend und erfüllend betrachtet in vielen Dingen. Es gibt Bereiche in der Retrospektive, wie z.B. die ständige Ausreiseproblematik, wie mit den Antragstellern umgegangen wurde, das kotzte einen an. Man war relativ hilflos. Man konnte ihnen eigentlich nur raten, was sie tun sollen, um bei der Verfolgung ihres Begehrens nicht in strafrechtliche Nähe zu gelangen oder nicht besondere Nachteile hinzunehmen. Mitunter gab es natürlich Tricks, wie man ihnen sagen konnte, versuchen sie mal das oder jenes. Es gab auch Dinge, bei denen man als Strafrechtler an bittere Grenzen stieß. Entsinne Dich mal, wir sind zusammen in Schwerin beim Militärgericht gewesen und haben zusammen zwei Leute verteidigt wegen Wehrdienstgeschichten. Das Amüsante an der Geschichte war, dass sich der eine junge Mann bei Dir in der Rechtsauskunft hatte beraten lassen und sich exakt so verhalten hatte, wie Du ihm geraten hattest. Und dann schrieb er Dir aus Schwerin, er säße nunmehr aufgrund Deiner guten Ratschläge in der Haftanstalt des Militärstaatsanwaltschaft Schwerin. Und insofern warst Du in der Pflicht, ihn zu vertreten.

GYSI: Er ist rausgekommen. Sie haben das korrigiert. Er hatte gesagt, er will zu den Baueinheiten und nicht zur Armee. Das hatten sie zunächst als Wehrdienstverweigerung ausgelegt.

de MAIZIERE: Der Skandal war, dass er dafür eine Begründung abgeben musste. Dies war nicht vorgesehen. Im Gegenteil, die DDR brüstete sich damit, dass es in ihr keine Gewissensprüfung gäbe. Wer sich erklärte, dass er zu den Baueinheiten will, der kann da hin. Und plötzlich durften sie trotzdem nicht. Dies Verfahren, Du wirst Dich entsinnen, wir haben damals noch in der Pause mit Bischof Radtke von Mecklenburg gesprochen, da waren wir ziemlich hilflos. Es gab Verfahren, in denen der Anwalt eigentlich nicht Verteidiger, sondern so eine Art Seelsorger war. Dieses Gefühl, nur Seelsorger zu sein, war lähmend. Bischof Gottfried Forck hat damals zu mir gesagt, Seelsorger zu sein, wäre doch schön. Nein, das war nicht schön.

Das ist nicht mein Beruf. Ich wollte Anwalt, nicht Seelsorger sein. Sonst hätte ich Theologie studiert. Dieses Gefühl, Recht zu haben und hilflos zu sein, das hat mich umgetrieben.

GYSI: Kann ich das so verstehen, dass Du auf der einen Seite durchaus Erfüllung in diesem Beruf gefunden hast, auf der anderen Seite die permanenten Defizite, die es bei der Durchsetzung dessen gab, was man als gerecht empfand, als verletzend empfandest?

de MAIZIERE: Wie oft haben wir darüber geredet, dass es unerträglich ist, dass es keine Verwaltungsgerichtsbarkeit gibt. Dass man sagte, es muss doch möglich sein, dass diese Entscheidung, von welchem Staatsorgan auch immer, in einem unabhängigen Verfahren überprüft wird. Insofern waren wir schon damals Vorstreiter für das erste Gesetz über die Überprüfung verwaltungsgerichtlicher Verfahren Ende 1988, aber da waren die Messen längst gesungen. In der jetzigen Diskussion, wo auch immer die Frage Rechtsstaat oder Unrechtsstaat steht, kann ich mit diesem pauschalen Begriff des Unrechtsstaates nicht umgehen oder nicht gut umgehen. Aber eines ist für mich sicher, die DDR war kein Rechtsstaat, sie war ein Nicht-Rechtsstaat.

GYSI: Genauso bin ich in der »Frankfurter Rundschau« zitiert worden, weil ich gesagt habe, ich weise die pauschale Verunglimpfung als Unrechtsstaat zurück, muss allerdings hinzufügen, ein Rechtsstaat war die DDR auch nicht. Da meinten viele: Ich müsse mich doch entscheiden, aber es gibt nun mal Dinge, die komplizierter sind.

de MAIZIERE: Nimm doch mal, wie ich es sage, das Unwesen des Eingabenrechts. Das war letztendlich Recht als Gnadenarbeit. Es ging soweit, dass man über die Eingabe sogar Entscheidungen gegen das Gesetz bekommen konnte. Jemand hatte eine Baugenehmigung nicht bekommen, das war sogar nach der Bauordnung richtig, doch dann schrieb er eine Eingabe an den Staatsrat und kriegte die Baugenehmigung. Es war ein Petitionsrecht, und es wurde Gnade gewährt. Es war kein Anspruch. Das ist übrigens eine Sache, die ich jetzt in meinem Wieder-Anwalt-Sein merke, wie schwer es den Menschen fällt, sich Recht auch zu erstreiten, zu sagen, ich habe mein Recht, jetzt erstreite ich es mir auch.

GYSI: Und auch wie schwer es einem fällt, sich mit endgültigen Dingen, wie Fristversäumnissen etc., abzufinden, weil hier keine Eingabe hilft. Wo Du früher wenigstens noch hoffen konntest, nach der zwanzigsten Eingabe oder einer Änderung der Linie der Partei Recht zu bekommen, gelten jetzt andere Regeln. Du hast mal erklärt, Du hättest ein Stellvertreter-Syndrom. Ich habe mir jetzt mal Deine Stellvertreterfunktionen herausgesucht: Du warst stellvertretender Vorsitzender des Rechtsanwaltskollegiums von Berlin, zufällig in der Zeit, als ich Vorsitzender dieses Kollegiums war. Du warst stellvertretender Vorsitzender des Ministerrates der DDR, als Hans Modrow Ministerpräsident war. Du warst Vizepräses des Bundes der Evangelischen Kirchen in der DDR. Dann kam eine kurze Phase als Vorsitzender der CDU und Vorsitzender des Ministerrates. Dann bist Du wieder stellvertretender Vorsitzender der Bundes-CDU geworden. Stimmt das mit dem Stellvertreter-Syndrom? Ich muss einen Satz von Dir zitieren, der dafür spricht, dass Du das irgendwann akzeptiert hast. Und zwar im Gespräch mit dem »Focus«, am 26.5.97, sagtest Du: Ich bin ein Mann der zweiten Reihe.

de MAIZIERE: Mann der zweiten Reihe zu sein heißt ja nicht unbedingt, dass man Stellvertreter ist. Abgesehen davon, dass ja Stellvertreter heute grundsätzlich arbeiten. Ruhm und Ehre kriegt der Vorsitzende, Arbeit macht der Stellvertreter, das ist das Eine. Das Zweite ist, letztendlich war in der DDR die Stellvertreterkarriere vorgezeichnet, wenn man sagte, ich gehe in die CDU. Man konnte stellvertretender Abteilungsleiter, aber nicht Abteilungsleiter werden. Man musste die hundert Meter immer drei Zehntel schneller laufen als der Genosse, um den Stellvertreterposten noch zu bekommen. Ich glaube, das hält man eine gewisse Phase aus. Aber irgendwann sagt man, nun ist genug mit dem Stellvertretersein. Ich habe vor einer Weile mal gesagt, nun nicht mehr Stellvertreter. Ich bin jetzt im Aufsichtsrat der edition ost AG. Das ist dieser Verlag, der sich besonders den Biographien der DDR-Bürger annimmt. Im Aufsichtsrat sind Hans Modrow für die PDS, Dr. Peter Brandt, der Sohn von Willy Brandt, für die SPD und nun wurde noch eine CDU-Figur gesucht, damit der Proporz stimmt. Hans Modrow hatte erklärt, er spiele nur mit, wenn er Vorsitzender wird. Ob ich nicht Stellvertreter sein will. Nein, sagte ich, das mache ich nicht. Ich bin in meinem Leben häufig genug Stellvertreter gewesen. Dann soll Herr Brandt das machen, dann bin ich lieber Fußvolk und sonst gar nichts. Allerdings mit dem Nachteil, dass die Bilanz doch wieder von mir geprüft werden soll und ich wieder die Geschäftsordnung für den Aufsichtsrat gemacht habe. Ich glaube, man muss irgendwann sagen, nun ist genug mit Stellvertreter.

GYSI: Im Gespräch mit Sabine Kebir im »Freitag« vom 26.6.1998 hast Du folgende Geschichte erzählt. »Ich wurde 1986 Vizepräses der Synode des Bundes der Evangelischen Kirchen und kam nachts um halb eins nach Hause. Da klingelte das Telefon. Dran war Gregor Gysi und sagte, jetzt bist Du unantastbar, jetzt kannst Du machen, was Du willst. Und tatsächlich war ein solches Amt in der Kirche so etwas wie eine Tarnkappe oder auch eine Narrenkappe.« Könntest Du das dem Publikum vielleicht mal erläutern?

de MAIZIERE: Zunächst bestätige ich, dass es das Telefonat gegeben hat. Ich weiß nicht, ob Du Dich daran erinnerst. Du hattest wahrscheinlich die Information aus der ARD mitbekommen. Die ostdeutschen Kirchen hatten ja damals einen viel höheren Aufmerksamkeitsgrad, weil wir eine Art Gegenöffentlichkeit waren. Es wurden bei uns Dinge gesagt, die sonst öffentlich nicht gesagt werden konnten. Es ist richtig, dass man Leute, die kritisch wurden, maßregeln konnte, dass man ihnen Ärger bereiten konnte. Aber ob man einen Vizepräses der Synode des Bundes maßregeln oder einsperren oder mit einem Disziplinarverfahren belegen konnte, bezweifelte ich. Auch andere Kirchenvertreter hatten einen gewissen Schutz. So ein Talar war eine Schutzkleidung. Es wurde ja auch erwartet, dass die Pastoren andere Dinge sagten, die andere sich nicht trauten zu sagen. Nur manche, die das heute so betonen, vergessen, dass sie diesen besonderen Schutz hatten, dass sie möglicherweise in einem zivilen Beruf den gleichen Mut nicht aufgebracht hätten. Das ist die Frage, die man ihnen stellen muss. Ich glaube, dass man mit einem solchen Amt eine Verantwortung bekommt, da muss man auch Dinge sagen, die kritisch anzumerken sind. Und wir haben uns da auch nicht zurückgenommen bis zur Eisenacher Synode im September 1989.

GYSI: Was ist ein Vizepräses?

de MAIZIERE: Die Synode des Kirchenbundes war, wenn man so will, das Parlament. Das Parlament des Kirchenbundes wählte sich ein Präsidium. Da gibt es einen Präses, den Vorsitzenden und zwei Vizepräsides, der eine war ich. Sie haben die Synoden vorzubereiten, sie haben sie zu leiten, alles, was zu einer Präsidiumstätigkeit eines Parlaments dazugehört, wobei wir natürlich Wert darauf legten, dass eine Synode kein Parlament ist. Denn Synode heißt synodos, der gleiche Weg, wir ringen um den Weg, aber das Ziel ist klar. Wir dienen alle einem Gedanken oder einem Herrn, während das normale Parlament von Rede und Widerrede lebt, von Opposition und Regierung. Während das Ziel klar ist, ringt die Synode um den Weg.

GYSI: Ich mache in Deiner Biographie wieder einen Sprung zurück. Als 1961 die Mauer gebaut wurde, warst Du 21 Jahre alt. Wie hast Du sie damals erlebt, was hast Du gedacht, was daraus wird? Wie hast Du Dich mit ihr abgefunden? Welche Alternative hatte die DDR nach deiner Meinung 1961 zur Schließung der Grenze?

de MAIZIERE: Ich entsinne mich an diesen 13. August ziemlich genau. Es war ein Sonntag, und ich war am Sonnabend bei einem Freund in Westberlin, mit dem ich bis in die Nacht Streichquartett gespielt hatte. Und als ich nach Hause fuhr, war es schon so merkwürdig. Es hatte ja in der Luft gelegen, man hörte jeden Tag im RIAS die Zahlen derer, die gegangen waren. Man muss es ja einordnen in den Prozess. 1960 war der sogenannte sozialistische Frühling auf dem Lande, wo die Bauern in Scharen davonliefen und bestimmte Dinge eskalierten, so dass man dachte, da muss irgend etwas passieren. Aber wir konnten uns nicht vorstellen, was. Und ich habe damals angenommen, als die Mauer errichtet wurde am 13.August, das sei ein Spuk, das sei in vier Wochen vorbei, das stünden die nicht durch. Man könne nicht eine Stadt durchsägen. Ich fuhr z.B. zur Schule am Hausvogteiplatz von Treptow immer durchs Schlesische Tor in Westberlin rein und Köpenicker Straße wieder raus. Das war selbstverständlich. Ich habe mir damals mitnichten vorstellen können, dass die Mauer 28 Jahre halten wird. Ich habe gedacht, das ordnet sich ein in das, was politisch so ost-westwärts geschah. Man wusste auch um die Blockade '48 in Berlin. Etwas anders sah ich das, als nach Wochen deutlich wurde, dass die Sowjets die Amerikaner, die Westalliierten offensichtlich informiert hatten und ihnen gesagt hatten, eure Transitwege bleiben unberührt. Und plötzlich wurden auch die ganzen Proteste so wenig glaubwürdig. Weil man sich sagte, was haben die gemeint, wenn die das vorher gewusst haben? Warum protestieren sie dann hinterher? Dann erlebte man in der Folgezeit, dass es in Berlin dramatische Situation in Familien gab. Mediziner berichteten von der Mauerkrankheit, dem sogenannten Mauersyndrom. Plötzlich wurden Leute krank, weil sie nicht zur Beerdigung von Mutter oder Vater nach Westberlin durften. Ich glaube schon, dass die ersten Jahre tief deprimierend und lähmend gewirkt haben. Insofern fand ich, was in Prag '68 begann, so spannend und aufregend, und dachte, vielleicht ist das der Weg raus aus der Sackgasse. Dass das zerschlagen wurde, das war die nächste große Depression.

GYSI: Gab es auch einen Zeitpunkt, wo Du Dir gedacht hast, Du erlebst gar nicht mehr, dass sie wieder geöffnet wird?

de MAIZIERE: Nun werden ja heute die Propheten, die die Vergangenheit voraussagen können, jeden Tag mehr. Ich habe gedacht, ich muss 65 werden, bis ich im reisefähigen Alter bin. Ich bin 1987 das erste Mal in meiner Funktion als Vizepräses der DDR-Synode zur EKD-Synode gefahren. Und ich war damals sehr traurig. Diese EKD-

Synode findet jedes Jahr in einer anderen Landeskirche statt. Damals fand sie ausgerechnet in Spandau im Johannesstift statt. Das heißt, meine erste Westreise nach meiner Musikerlaufbahn hat mich ungefähr 20 km weit getragen. Ich habe natürlich den gleichen Schock gehabt. Als ich nach Hause kam, habe ich gesagt, wenn der Westen heute aufhört zu bauen und zu rekonstruieren, dann brauchen wir trotzdem zwanzig Jahre, bis wir das aufgeholt haben. Bis hin – so albern wie das klingt – zu dem Toilettenschock, die völlig andere Art. Ich will nicht sagen, dass unsere öffentlichen Toiletten wie die Russenklos aussahen, aber ein bisschen halt so.

Noch mal zurück zur Frage, ob die DDR '61 eine Alternative gehabt hätte. Letztendlich liefen ihr die Menschen damals schon davon. Sie sind ja nicht 1948/49 in Massen gegangen, sondern erst dann, als sich offensichtlich ein anderes wirtschaftliches System effizienter als das hiesige Wirtschaftssystem verhielt.

GYSI: Meinst Du nicht, dass es um die größere Frage ging, ob die Sowjetunion sich ihre Einflusssphäre nach dem Zweiten Weltkrieg einschränken lässt oder nicht?

de MAIZIERE: Das ist natürlich völlig klar, dass das eine Frage der politischen Großwetterlage war, wie bereits 1953 in der DDR und 1956 in Ungarn. Später haben wir die polnischen Ereignisse genauso eingeordnet. So verhielt sich ja im Umkehrschluss auch der Westen in seinen Protesten. Zum Beispiel beim Prager Frühling, das weiß ich noch ganz genau. Von der Logik der Machtkonstellation her konnte die Sowjetunion nicht nachgeben. Aber es war dennoch damals diese innere Hoffnung, wie kann diese Stagnation überwunden werden. Das ist auch dieses Phänomen gewesen, diese fast messianische Bewunderung, die für Gorbatschow zunächst aufgebracht wurde, weil man sagte, vielleicht gelingt es ihm, diese Starre, diese Lähmung zu überwinden. Dass ich ihn heute anders, viel kritischer sehe, sei dahingestellt. Die Frage, wie sehr sich diese DDR aus dem Kontra definiert, die ist mir damals noch nicht so klar geworden. Aber das wurde auch mit der Zeit zunehmend deutlicher. Wir haben zum Schluss Dementis im »Neuen Deutschland« gelesen von

Nachrichten, die es nirgends in der DDR zu hören oder zu lesen gab, weil man wusste, die Menschen orientieren sich woanders. Ich glaube, die entscheidende Systemfrage ist die nach dem Wirtschaftssystem gewesen. In der DDR hatte sich eine Planwirtschaft im Sinne der Speerschen Rüstungswirtschaft oder der Stalinschen Kriegswirtschaft mit einem monokausalen Ziel entwickelt, dies mag wohl funktionieren, aber nicht in einer ausdifferenzierten Gesellschaft oder Bedürfnisstruktur. Dort bedarf es eines sich selbst regulierenden Systems. Wir haben zwar immer davon gesprochen, aber haben es nicht angewandt. Aber das einzige, was offensichtlich funktioniert, ist der Markt. Die Schwerfällligkeit, darauf zu reagieren, hat eben die Wirtschaft der osteuropäischen Länder ins Hintertreffen geführt.

GYSI: Vielleicht kannst Du uns noch etwas aus Deinem Anwaltsleben, über die Vertretung in politischen Fällen sagen, die Vertretung von Bürgerrechtlern und anderen Einrichtungen, wie sehr Dich das geprägt hat. Wie viele Anwälte waren bereit, politische Fälle zu übernehmen? Gab es einen zugelassenen oder angeordneten Kreis solcher Anwälte? Oder konnten sich die Betroffenen an jeden Anwalt wenden und war das seine Entscheidung, ob er das macht oder nicht? Und wie bist Du speziell dazu gekommen?

de MAIZIERE: Meine Liebe war das Strafrecht nicht unbedingt. Meine Neigung ging vielmehr ins Zivilrecht, Steuerrecht, Finanzen und das, was wir schon besprochen haben. Ich bin in diese Art von Strafrecht hineingewachsen durch das kirchliche Engagement. Und zwar begann das Anfang der 80er Jahre mit der Situation »Schwerter zu Pflugscharen«, als die jungen Leute die Applikationen auf den Anoraks trugen, die im übrigen das Denkmal darstellten, dass die Sowjetunion der UNO geschenkt hatte. Vor dem UNO-Gebäude in New York steht ein Denkmal, das dieses Wort der Propheten Micha und Jesaja beinhaltet: »Es wird kommen die Zeit, in der die Schwerter zu Pflugscharen umgeschmiedet werden«, indem wir mit dem Schwachsinn des Kriegführens Schluß machen. Junge Leute trugen dies als Applikation, und es wurde von Volkspolizisten verlangt, dass sie sich davon trennen. Sie wurden zum Teil handgreiflich, weil aber Jugendliche sich wehrten, entstand ein Handgemenge, und aus dem Handgemenge entstand dann der Widerstand gegen die Staatsgewalt, später Widerstand gegen staatliche Maßnahmen. Da war es meine Kirche, die an mich herantrat, solche Leute zu vertreten, zu verteidigen. Das setzte sich fort mit den Wehrdienstverweigerungsprozessen, die bis Mitte der 80er Jahren liefen. Typisch war, wenn diese Verfahren öffentlich wurden, dann versuchte die staatliche Seite sie zu vermeiden. Nichts fürchtet ja eine Diktatur mehr als die Öffentlichkeit. Berichte über Wehrdienstverweigerung in westlichen Zeitungen konnten besser solch ein Verfahren verhindern als die beste Verteidigung. Und dann kam später die Verteidigung derjenigen, die in den kirchlichen Gruppen sich engagierten, wobei wir von der Kirche uns immer ein bisschen schwer taten. Wir sagten, wir stellen uns zwar vor euch, wenn es brenzlig wird, aber nicht in jeder eurer Auffassung auch hinter euch. So haben wir mitunter Leute verteidigt ob eines Engagements, das nicht unbedingt auch unseres war. Aber letztendlich bauten sie auch darauf, dass, wenn es gefährlich wurde, sich kirchliche Stellen für ihre Verteidigung einsetzten. So haben wir z.B. 1988 nach der Liebknecht-Luxemburg-Demonstration Bärbel Bohley, Wolfgang Templin u.a. verteidigt. Diese Verfahren endeten mit jenen merkwürdigen Entscheidungen, dass sie für ein halbes oder ein Jahr nach England gingen. Diese Maßnahmen werden heute von den Betroffenen ganz anders beurteilt, als sie damals beurteilt wurden. Damals waren sie – wie ich mich entsinnen kann – nicht furchtbar scharf darauf, drei Jahre in der Haftanstalt der Staatssicherheit zu verbringen.

GYSI: Was empfindest Du, wenn Dir ehemalige Mandaten heute vorwerfen, dass Du Dich mit Erfolg für sie eingesetzt hast, weil sie heute dass, was damals ein Erfolg war, für ihre Biographie als Nachteil empfinden?

de MAIZIERE: Ich kann das ganz konkret erzählen, weil mich die Sache sehr geärgert hat. Ich habe 1988 jemanden vertreten, der Schriften hergestellt hatte, die als öffentliche Herabwürdigung begriffen wurden. Es war ein Straftatbestand. Er stellte Schriften her, die dem Staat nicht recht waren, und die Verbreitung schon gar nicht. Ich vertrat ihn, und wir kriegten ein ziemlich hartes Urteil, das ich falsch fand von der Feststellung des Sachverhaltes, falsch von der rechtlichen Bewertung, also der Zuordnung zum Straftatbestand und vom Strafmaß sowieso. Ich war in der Haftanstalt und habe ihm dringend geraten, in die Berufung zu gehen, weil ich der Hoffnung war, wir würden in der zweiten Instanz ein besseres Ergebnis erzielen. Er wollte aber nicht mehr. Er sagte, er hätte die Schnauze voll und er wolle in den Strafvollzug und arbeiten. Er könne die Einsamkeit der U-Haft nicht mehr ertragen u.ä.m. Ich habe damals das Gefühl gehabt, das geht nicht, und habe meinem Mandanten ausführlich über die Möglichkeit der Rechtsmittel belehrt. Gleichwohl bestand er darauf, keine Rechtsmittel einzulegen. Und dann, kurz nach der Wende, erschien ein Buch von eben diesem Mandanten, in dem er schrieb, er habe Zweifel gehabt, ob sein Anwalt damals alle Möglichkeiten zu seinen Gunsten ausgeschöpft hätte und ob da nicht eine unzulässige Kumpanei zwischen Staatsanwaltschaft und Anwaltschaft stattgefunden hätte. Ich habe ihm später seine eigene Unterschrift gezeigt. Er behauptet, sich daran nicht mehr erinnern zu können. Ansonsten macht er aber einen gesunden Eindruck, so dass ich ein Problem damit habe. Tatsache ist, dass man mit einem Abstand der Ereignisse Dinge anders beurteilt. Das gilt auch dafür, wie man sich selber einschätzt. Ich habe nach der Wende auch Rehabilitierungsverfahren gemacht. Und ich habe in einigen Fällen meine alten Schriftsätze herausgesucht und fand die noch heute lesenswert. Habe gedacht, ach Gott, das kannst Du ja abschreiben als Rehablitierungsantrag. Ich habe aber auch Berufungsbegründungen von mir gelesen, bei denen ich schamrot geworden bin und wo ich mich gefragt habe, warum hast Du da nicht entschiedener Deine Auffassungen vertreten, warum warst Du nicht mutiger oder nicht konsequenter. Ich glaube, es ist ganz gut, wenn man eine Möglichkeit hat, zwei Mal in den Spiegel zu schauen.

GYSI: Aber ist es nicht trotzdem eine Kritik auch an der heutigen Gesellschaft, wenn Du den Eindruck hast, dass Leute glauben, ihre

Biographie nachträglich nachbessern oder anders sehen zu müssen, als sie damals war, nur um in einem bestimmten Bild in der Gesellschaft in Erscheinung treten zu können?

de MAIZIERE: Ich glaube zunächst, dass das eine Erscheinung ist, die nicht singulär mit der jetzigen Situation zu tun hat, sondern möglicherweise nach großen Brüchen immer ganz ähnlich verläuft, dass das Gedächtnis für bestimmte Sachverhalte einer objektiven Prüfung nicht stand hält. Es gibt einen anderen Hintergrund, da man in der öffentlichen Meinung geneigt ist, die DDR-Bürger einzuteilen in Täter und Opfer. Es gab vielleicht drei Prozent Täter und vielleicht gab es noch drei Prozent Opfer, und der Rest war Volk und wollte auch gar nichts anderes sein. Aber manche müssen heute zwingend Opfer sein, weil sie sonst zu den Tätern gerechnet werden könnten durch diese Schwarz-Weiß-Malerei ohne jedwede Grautöne. Selbstverständlich war in den 50er Jahren beispielsweise im Bereich des politischen Strafrechts bis hin zu den Artikel-6-Verfahren oder Waldheim-Verfahren eine ganz andere Situation, als wir sie in den 80er Jahren erlebt haben. Die DDR-Zeit ist ja nicht eine uniforme Zeit von 1949 bis 1989. Ich habe das in einem anderen Zusammenhang mit Professor Stölzl vom Museum für Deutsche Geschichte erlebt. Der machte eine Ausstellung über DDR-Kunst, und da sagte er, für jedes Jahr steht ein Bild. Das meinte er, wäre besonders objektiv. Und ich sagte ihm, das geht aber am Leben vorbei, wir haben unser Leben anders eingeteilt. Wir haben unser Leben eingeteilt vor dem Bitterfelder Weg, mit dem Bitterfelder Weg, danach, vor dem 11. Plenum, nach dem 11. Plenum, vor der Chrustschow-Geheimrede 1956 und danach. Dies Hingucken, wie war die Geschichte wirklich, das vermisse ich heute. Und so entstehen Klischees, die dann natürlich Leute verführen, sich in besonderer Weise als Märtyrer darzustellen, die sie nicht waren. Aber ich glaube, das ist auch ein allgemein menschlicher Zug.

Nochmals zur Frage zurück. Es gab unter uns Kollegen, die nicht bereit waren, solche Verfahren zu machen. Die einfach sagten, mir ist der psychische Abrieb zu hoch, das regt mich auf und mit der einverständlichen Ehescheidung kann ich das doppelte Geld verdienen, was auch stimmte. Es war finanziell nicht lukrativ, als politischer Verteidiger zu arbeiten. Und insofern war es ein relativ kleiner Kreis von Juristen, die das taten, weil sie den Beruf des Verteidigens ernst meinten. Wir waren der Meinung, jeder, der vor ein Gericht gestellt wird, hat das Recht, verteidigt zu werden.

GYSI: Meine Frage ging ja weiter. War es so, dass nur bestimmte Anwälte solche Fälle übernehmen durften, oder war es immer noch die Entscheidung des Mandanten und des Anwalts selbst?

de MAIZIERE: Wir hatten Anwaltslisten, die lagen in Haftanstalten aus, und der Beschuldigte konnte sich aus der Liste selber jemanden auswählen. Und eine zeitlang war es plötzlich Mode geworden, unvollständige Listen hinzulegen. Da standen dann nur die Anwälte drauf, die dem Ministerium für Staatssicherheit genehm waren. Das haben wir als Anwälte unterbunden. Wir haben immer wieder dafür gesorgt, dass komplette Listen dort waren.

GYSI: Es gab auch eine Zeit, wo ich z.B. angeschrieben wurde aus einer Untersuchungshaftanstalt des MfS. Drei Tage später schrieben die Leute, auf Empfehlung ihres Vernehmers haben sie sich jetzt einen anderen Anwalt gewählt. Aber man muss auch sagen, dass das in den letzten zehn Jahren der DDR nicht mehr passierte.

de MAIZIERE: Der andere war dann aber in der Regel Wolfgang Vogel wegen des besonderen Zieles, das verfolgt wurde. Aber ich glaube, dass sich dieser Kreis selber herausgebildet hat. Es war ja nicht so, dass wir uns um die Mandate gerissen haben.

GYSI: Man konnte ohne solche Mandate bequemer leben, aber man konnte auch mit solchen Mandaten leben, und insofern hat das jeder Anwalt für sich entschieden.

de MAIZIERE: Wer diesen Beruf des Anwalts wählt und sagt, ich verteidige, der kann nicht sagen, ich suche mir nur die Delikte aus, die ich gerne verteidige. Wir haben lange gestritten darüber, wann man einen Mandanten ablehnen darf. Wir haben damals Formeln gefunden, die ich noch heute für richtig halte. Wir haben z.B. gesagt, wir können von einem jüdischen Kollegen nicht erwarten, dass er einen NS-Täter verteidigt, weil da die Diskrepanz zwischen eigener Biographie und dem Auftrag des Anwalts unüberbrückbar ist. Aber zu sagen, Mord ist mir zu ekelig, deshalb mache ich das nicht, da hat ein Anwalt seinen Beruf verfehlt. Wer nicht bereit ist, auch solche Täter zu verteidigen, der sollte was anderes tun. Der hätte ja zur KWV gehen und Miete kassieren können.

GYSI: Haben diese Mandate für kirchliche Leute – die Du beschrieben hast – Dich politisch mitgeprägt, und hat das was damit zu tun, dass Du in der Wendezeit bereit warst, in die Politik zu gehen?

de MAIZIERE: Sicherlich sind es mehrere Dinge, die da zusammenwirken. Aber das Entscheidende ist dieses Engagement in der Kirche, wo wir immer wieder gesagt haben, wir verlangen den Dialog, wir verlangen die Möglichkeit der Partizipation. Uns wurde gesagt, ihr mischt euch in staatliche Dinge ein. Wir haben gesagt, nein wir mischen uns in unsere eigenen Angelegenheiten ein, denn wir sind auch Bürger dieses Staates. Als dann die Möglichkeit zur Partizipation gegeben war, da hätte man nicht sagen können, nun bin ich mir zu fein, ich will nicht, »Hannemann geh' Du voran«. Ich habe mich mit der Entscheidung, ob ich CDU-Vorsitzender werde, das war ja noch vor dem Fall der Mauer und auch noch vor dem 4. November, der ja auch eine gewisse geistige Wende in diesen Prozess brachte, sehr schwer getan. Ich habe mich mit mehreren Kollegen beraten und habe damals auch sehr genau abgescheckt: Kann ich, falls die Verkrustungen wieder zuwachsen, in meinen Beruf zurück? Das war eine neue Situation. Wie wird das mit meiner Anwaltszulassung? Das war ein wertvolles Gut. Die kriegte man nicht so ohne weiteres wie heute. Wenn ich in die Politik gehe, kann ich dann wieder zurück in meinen Beruf? Ich glaubte, mehr aus einer Art Pflichtgefühl, ich muss es tun.

GYSI: Du wurdest der Nachfolger von Gerald Götting. Wir haben damals auch darüber gesprochen.

de MAIZIERE: Ja, Du hast sogar gesagt, wenn es ein anderer macht, wer weiß wie der das macht. Wir leben in Zeiten, die sehr spannend und auch sehr unübersichtlich werden können. Es wäre vernünftig, wenn wir versuchen, überall halbwegs intelligente Leute hinzubekommen. Aber das Erbe Göttings war schon ein schwieriges Erbe. Ich meine, ich beneide Dich um Deines wahrlich nicht, aber normalerweise ist mit dem Erben noch eine angenehme Situation verbunden, das war eigentlich auch eine Erbschaft, die man hätte ausschlagen können.

GYSI: Du bist ja dann in die Regierung eingetreten, wurdest stellvertretender Ministerpräsident. Du hast damals vor der Volkskammer gesagt, es geht Dir um einen demokratischen Sozialismus. Dann wurde irgendwann klar, das geht alles nicht mehr. Es kam die Zuordnung deiner CDU zur CDU der Bundesrepublik, zunächst die deutliche Annäherung. Es wurde langsam klar, die DDR geht zu Ende. Das vollzog sich alles innerhalb weniger Tage und Wochen, auch die eigene innere Umstellung. Wie hast Du das damals verkraftet? Was hat sich da in Dir verändert? Du hast übrigens später noch mal die Vision vom demokratischen Sozialismus durchaus gerechtfertigt, wenn auch anders ausgedrückt. Darauf verweist übrigens Schäuble in der FAZ vom 23.4.96: »An christlichem Sozialismus mag er nicht glauben – im Gegenteil zu vielen in der Ost-CDU –, obwohl er ihn immerhin am 19. November 1989 in der ›Bild am Sonntag‹ zum Ärger der Bonner CDU ›als eine der schönsten Visionen menschlichen Denkens‹ bezeichnet.«

de MAIZIERE: Dieses Zitat ist zumindest in der »Bild«-Zeitung damals unvollständig wiedergegeben worden. Ich habe gesagt, es war eine der schönsten Visionen und zugleich eine der größten Illusionen. Aber das passte nicht ins Bild. Und daraus ist nur die Vision zitiert worden. Die Frage ist ja, wie man diesen Begriff definiert. Definiert man ihn nur als den Versuch, die Güter dieser Erde ein bisschen gerechter zu verteilen, denn kann man ja mit ihm gut leben. Die Frage ist aber: wenn er synonym steht für eine Form des Wirtschaftens, die versagt hat, für eine Staatsform, die eben zentralistisch, diktatorisch und nicht demokratisch war, auch für ein Gemeinwesen, das zunehmend nicht kommun war, sondern sich zu Hause in den vier Wänden abspielte, dann sieht die Antwort schon anders aus.

GYSI: Ich frage noch mal zurück. Als Du in die Modrow-Regierung gegangen bist, hast Du m.E. noch nicht unmittelbar an das Ende der DDR gedacht oder geglaubt. Schwebte Dir da eine andere Form vom Sozialismus vor, in die man viel Christentum einbringt, oder war das für Dich eigentlich vorbei?

de MAIZIERE: Das war eigentlich schon vorbei. Ein Jahr vorher hatte Havel den Friedenspreis des Deutschen Buchhandels bekommen. Er durfte ihn nicht annehmen, weil er damals in der Haftanstalt saß, und seine Dankesworte wurden verlesen. Dort kam der Satz vor: sie haben es geschafft, dass das Wort Sozialismus zum Knüppel verkommen ist. Das hat mich wie ein Blitz getroffen, weil ich genau das empfand, sie haben einen positiv besetzten Begriff derartig missbraucht, dass er eigentlich nicht mehr weiter verwendungsfähig ist. Ich habe damals im Dezember auf dem CDU-Parteitag gesagt, wenn er denn für Solidarität, für Mitmenschlichkeit u.ä. steht, dazu braucht der Christ nicht unbedingt das Wort Sozialismus, das kann er auch mit dem Begriff Nächstenliebe definieren. Zur Frage, ob und wann die DDR dem Ende zugeht: Ich glaube, dass wir schon sehr früh, wenige Tage nach dem Fall der Mauer, auch in den ersten Sitzungen des Modrow-Kabinetts merkten, dass uns dies Land ausläuft.

GYSI: Wurde in diesem Kabinett richtig diskutiert? Hat man da gestritten? Hat man nach Wegen gesucht?

de MAIZIERE: Ja und Nein. Ich höre noch den Satz: Wir sind uns doch einig, dass ... Da habe ich an einigen Stellen gesagt, nein, ich möchte, dass wir an dieser Stelle abstimmen, und dass auch im Protokoll steht, dass ich dagegen gestimmt habe. Da kam z.B. der Justizminister mit einer Verordnung, mit der er irgendwelche Devisenschiebereien Ost-West verhindern wollte. Und da habe ich gesagt, ich protestiere. Das ist ein Skandal, dass er mit einer Verordnung käme, damit geltendes Recht des Devisengesetzes ändern, mit niederrangigem Recht höherrangiges Recht verändern wollte. Abgesehen davon, was er abmahnen wollte, wäre durch das Devisengesetz von 1973 ohnehin verboten, wir hätten bloß nicht mehr die Autorität und die Kraft, das auch durchzusetzen. Also ich habe mich allmählich als juristischer Wächter in diesem Kabinett begriffen.

GYSI: Da saßen doch ab Januar 1990 Eppelmann, Poppe, Ullmann u.a. mit in der Regierung. Gab es ein Zusammengehörigkeitsgefühl? Wurde da richtig diskutiert? Ich frage deshalb, weil einige, die da drin waren, hinterher so taten, als ob es für sie undenkbar wäre, mit jemandem wie mit Hans Modrow zusammenzuarbeiten.

de MAIZIERE: Zunächst muss man sagen, dass es Hans Modrow geschafft hatte, sich von der Partei abzukoppeln. Wenn Du an den Januar 1990 denkst, da gab es Meinungsumfragen, die die PDS bei 10, 12, 13 Prozent sahen, Modrow aber eine persönliche Zustimmung in der Bevölkerung von fast 65 Prozent erreichte. Das heißt, dass man respektierte, dass er sich bemühte, überparteilich zu sein. Ich glaube, dass in dem Kabinett im November/Dezember mehr diskutiert worden ist als in der Zeit, die Du ansprichst, denn das war die Zeit, als die Autorität dieses Kabinetts schon im Schwinden war. Zum Schluss ist Hans Modrow immer im Dreieck gesprungen: Zum Runden Tisch, hat sich da die Meinung bilden lassen, damit ist er ins Kabinett gegangen, wo wir diese Meinung in eine staatsrechtliche Form brachten. Das ging dann in die Volkskammer, weil sie tatsächlich noch das legislative Organ war. Ich glaube, dass er das nicht völlig anders sieht, denn der Zeithorizont war zunächst ein anderer. Der Antrag, die Wahlen vom 6. Mai vorzuverlegen auf den 18. März, ist ja von ihm gekommen.

GYSI: Du warst später auch noch im Bundeskabinett. Ich will einen ganz förmlichen Vergleich, keinen inhaltlichen: Wenn Du Kabinettsitzungen unter Modrow mit Kabinettsitzungen unter Kohl vergleichst, von der Diskussionskultur, von der Streitkultur, von der Nachdenklichkeit her, gab es da beachtliche Unterschiede, weil die einen in einer Situation waren, in der es um Umbrüche ging, während die anderen in einer eher festgefahrenen autoritären Struktur waren?

de MAIZIERE: Das ist schwer vergleichbar, weil ins Kohl-Kabinett aus einem blendend funktionierenden Apparat längst abgestimmte Vorlagen kamen. Auch wenn mehrere Ressorts beteiligt waren, war klar vorher festgelegt, welches Ressort hat die Federführung, mit wem hat sich das Ressort abzustimmen. Es war letztendlich eine Vorlage, die man auch eine Woche vorher bekam, studieren und zu der man nachfragen konnte. Ich glaube, dass die Arbeit im ruhigen Fahrwasser nicht vergleichbar ist mit so einer Zeit, wo sich täglich unser Blickwinkel änderte. Wir haben häufig in der Modrow-Zeit mit Beschlüssen im Umlauf-Verfahren und mit Tisch-Vorlagen, die wir in die Sitzung reinbekamen, hantiert. Es gab sehr viel mehr Unwägbarkeiten, mit denen man umgehen musste.

GYSI: Gab es im Modrow-Kabinett, als die Ostparteien anfingen, sich bestimmten Westparteien anzunähern und zuzuordnen, eine Art Misstrauen untereinander?

de MAIZIERE: Weniger unter den Mitgliedern, mehr unter den Zuarbeitern. Was man in der jetzigen Zeit einen Kanzleramtsminister nennt, war in der Modrow-Zeit der Staatssekretär Möbis. Der steckte voller tiefer Misstrauen gegen mich. Es war ihm sehr unangenehm, dass ich da saß und möglicherweise Veränderungen von Beschlüssen herbeiführte. Er war ein Funktionär im Sinne von »funktionieren«. Es war im Kabinett unterschiedlich. Hans Modrow konnte mit umfänglichen Diskussionen nicht gut umgehen, weil er Angst hatte, es könnte seine Autorität ins Wanken geraten. Mit Christa Luft konnte man leichter diskutieren. Es gab kluge Leute aus dem liberalen Lager, Gunter Halm, der später auch Staatssekretär in meiner Zeit war. Es gab sehr unterschiedliche Leute. Es gab zwei Leute, die mir wirklich imponiert haben in ihrer Arbeit. Das war einmal Dr. Walter Siegert als Finanzminister und zum anderen Theo Hoffmann, der das schwierige Amt des Chefs der NVA ausübte. Wenn in Beelitz die Soldaten anfingen zu streiken und er allein hin ist und die wieder in die Kaserne geschickt hat und mit denen diskutiert hat, das fand ich eindrucksvoll.

GYSI: Dann kam die Wahl, vorgezogen auf den 18. März 1990, mit einem Wahlergebnis für die CDU, das will ich hier freimütig einräumen, das mich in jeder Hinsicht erschreckt hatte. Aber wenn ich mich an Dein Gesicht erinnere, hatte es Dich nicht weniger erschreckt. Mich würde interessieren, weshalb? Wahrscheinlich aus anderen Gründen. Hatte das damit zu tun, dass Du ahntest, was nun auf Dich zukäme?

de MAIZIERE: Zunächst hatten wir mit einer Art Patt- oder Remis-Situation gerechnet, davon war ich auch immer ausgegangen, dann wird vielleicht irgendein parteiloser Dritter das »Erste Amt« übernehmen müssen. Mit dem Ergebnis – war mir klar – kannst Du nicht mehr ausweichen. Das läuft auf Dich zu. Das ist das eine und das zweite ist, dass ich glaube, dass ich durch die Zeit im Modrow-Kabinett gegenüber manchem, der das am Fernsehabend sah, einen gewissen Vorsprung hatte, der mich ahnen ließ, was für ein verdammtes Amt da auf mich zukommt. Das heute so bestaunte Schürer-Papier zur wirtschaftlichen Situation in der DDR, das kannte ich. Da ich eine größere Affinität zu wirtschaftlichen Problemen habe als vielleicht ein anderer, war mir vieles klar. Abgesehen davon, dass ja schon bestimmte Weichen gestellt waren. Schon in Modrows Zeiten sind die ersten Verhandlungen zur Währungsunion gelaufen. In Ottawa hatte 2-Plus-4 begonnen. Es war absehbar, dass es ein Amt sein wird, das auf Selbstabschaffen hinausläuft. Das ist psychologisch eine nicht ganz einfache Aufgabe.

GYSI: In dieser Zeit, nachdem wir uns viele Jahre kannten und auch befreundet waren, stand eine gewisse Ferne zwischen uns, eine zunehmende Distanz. Man merkte, wie die Biographien anfingen, deutlich auseinanderzulaufen. Wobei ich dann insgesamt für die Volkskammerzeit finde, dass wir gut damit umgegangen sind. Was hat das für Dich bedeutet, dass ich plötzlich Dein parteipolitischer Gegner war. Ich weiß nur, was es für mich bedeutet hat.

de MAIZIERE: Wir haben relativ zeitig im Wandelgang der Volkskammer eine Vereinbarung getroffen: Wir greifen uns in der Sache an, aber wir werden nie persönlich. Und ich glaube, das ist uns beiden fast ausnahmslos gelungen. Ich kann mich nicht entsinnen, dass wir in ehrabschneidender Weise uns gegenseitig belegt hätten. Richtig ist, dass bestimmte Grundfragen in der DDR gar nicht gestellt wurden, weil sie entschieden waren. Wir brauchten bestimmte Grundkonflikte nie auszutragen. Wir haben uns mal Anfang der 80er Jahre ziemlich gestritten. Ich war damals der Meinung, dass wir den falschen Weg gehen und dass dieser Staat noch mal an seiner Kulturlosigkeit krepieren wird. Da hast Du zu mir das freundliche Wort gesagt: Ich wäre ein bourgeoises Fossil. Aber richtig ist, dass wir plötzlich Positionen hatten, die wirklich diametral entgegengesetzt waren. Dann kommt dazu, dass dieser Wahlkampf viele tiefe Wunden geschlagen hat, auch unnötige Wunden, dass wir obendrein damit nicht umgehen konnten. Noch heute sehe ich mit Grausen die Plakate, mein Gesicht darauf mit Hitlerbart und solche Geschichten.

GYSI: Das war in der Zeit des Wahlkampfes das einzige Mal, dass wir fast freundlich miteinander telefoniert haben. Und zwar konnte ich mir das nicht ersparen, als ich durch Berlin fuhr und lauter bemalte Wahlplakate von Lothar de Maizière entdeckte. Da habe ich Dich angerufen und gesagt: Siehste, das kommt davon, wenn man von sich selber Plakate machen lässt, dann sieht man eben so aus. Ich habe das viel besser gemacht, da war André Brie schon Wahlkampfleiter. Und der hatte mich gefragt, ob ich mit einem Personenplakat einverstanden bin, das war ja noch kurz nach Honecker.

Da habe ich gesagt: Das kommt überhaupt nicht in die Tüte. Kein Personenplakat.

de MAIZIERE: Lange hast Du das aber nicht durchgehalten.

GYSI: Einen Tag, nachdem ich Dich angerufen hatte, fahre ich durch die Stadt und denke, ich spinne: überall hängen Plakate von mir. Die haben sich einfach ein Foto von mir genommen. Brie hat hinterher gesagt, wir konnten auf so eine komische Einzelmeinung von Dir keine Rücksicht nehmen. Natürlich waren meine Bilder wie Deine wenig später genauso beschmiert. Und ich war noch nicht mal richtig im Büro, da klingelte das Telefon. Wer war dran: de Maizière und sagte, ich wollte Dir nur sagen, ich bin heute durch Berlin gefahren ...

de MAIZIERE: Wobei der Unterschied war, Deine Plakate waren vornehmlich mit Teufelshörnern versehen.

GYSI: Du hattest als Ministerpräsident der DDR plötzlich die Möglichkeit, mit Leuten zu sprechen, an die man sonst nie rankommt. Ich glaube, Du warst bei Bush, bei Mitterrand, bei Frau Thatcher, bei Gorbatschow, ich lasse mal Kohl, die ganze Riege der BRD aus. Wie laufen solche Gespräche ab? Redet man wirklich so ein politisches Kauderwelsch, redet man protokollarisch, ist das eher langweilig oder interessant? Beschreibe das mal Leuten, die nie in die Situation kommen werden, aber immer ein bisschen hoffen, es doch zu erleben. Vielleicht können wir ihnen sagen, es lohnt sich gar nicht. Aber ich weiß es nicht. Vielleicht lohnt es sich auch.

de MAIZIERE: Zunächst ist die Gesprächsvorbereitung wichtig. Man erteilt den Auftrag: Ich möchte den gesamten Vertragsbestand mit der Sowjetunion vorgetragen bekommen. Und dann kommt Herr Soundso aus dem Außenministerium, war im übrigen ein Spitzenmann. Der kannte den gesamten Vertragsbestand zwischen der DDR und der Sowjetunion, aber auch den zwischen der Bundesrepublik und der Sowjetunion. Wenn ich etwas anderes will, muss ich genau wissen, wo muss ich ansetzen für Veränderungen. Das nächste ist, dass man versucht, mit dem eigenen Botschafter ins Gespräch zu kommen, wobei die unterschiedlich loyal waren. Ich habe mich z.B. auch mit SU-Botschafter Kotschemassow unterhalten und habe mir sagen lassen, wie ist Gorbatschow bei so einem Gespräch. Er ließ mich im wahrsten Sinne des Wortes kommen: Im Kreml, da sind so 18 Zimmer hintereinander. Man wird ins Zimmer 1 reingeführt und muss von Zimmer zu Zimmer laufen, damit man auch wirklich das Gefühl hat, man geht jetzt zum Zaren einer Weltmacht. Zu Beginn des Gesprächs teilte er mir »die Linie« mit. Daraufhin sagte ich: Herr Präsident, die Situation hat sich verändert. Ich bin der Chef einer Regierungskoalition, die sich auf 75 Prozent der frei gewählten Abgeordneten der Volkskammer stützt, und insofern haben wir eine neue Situation. Ich bin nicht zum Befehlsempfang gekommen, sondern ich bin gekommen, um mit ihnen zu bereden, welche gemeinsamen Schritte wir zu tun haben. Da war er ziemlich beleidigt und wurde auch ausfallend. Er ließe sich das von mir nicht unter die Nase reiben. Er ist ein impulsiver Mensch und sein Dolmetscher, Herr Fedoron, versuchte das vornehm zu übersetzen, das ließe sich der Präsident nicht gerne sagen. Und darum sagte ich zu ihm: Herr Fedoron, und jetzt übersetzen sie meine Antwort korrekt. Ich habe Verständnis dafür, weil ich weiß, wie empfindlich die Nase als Sinnesorgan ist. Wir haben dann im Laufe der Zeit ein besseres Verhältnis gefunden, auch ein achtungsvolleres. Wobei ich sagen muss, ich bin persönlich besser mit Schewardnadse ausgekommen.

GYSI: Die Gespräche mit den westlichen Chefs, waren das eher förmliche Gespräche oder waren die auch inhaltsreich?

de MAIZIERE: Mit Bush war es inhaltsreich, aber auch zum Teil hart. Ich habe ihm gesagt, ich wüsste, dass es nur geringe Zeit bis zur Vereinigung wäre. Aber ich glaube, es wäre ein wichtiges Symbol, wenn er uns gegenüber die Kokom-Liste aufheben und die Meist-Begünstigungs-Klausel anwenden würde, was er bis zum Schluss nicht getan hat. Er war nicht bereit, wirtschaftliche Zugeständnisse, die uns stabilisiert oder unsere Positionen gestärkt hätten, zuzulassen. Frau

Thatcher sagte mir als erstes, wie ich damit leben könnte, wenn ich neben Kohl stünde und Fotografen kämen. Sie sagte, wenn diese beiden großen Kerle neben ihr stehen würden, damit meinte sie Kohl und Genscher, dann müsse sie immer darauf achten, dass mindestens ein Meter zwischen ihr und denen ist, dann fällt der Größenunterschied nicht ganz so auf dem Foto auf. Mitterrand war sehr väterlich, er hielt Audienz und empfing. Erst gegen Ende des Gesprächs, das hatte eine halbe Stunde länger gedauert, als sich das die Protokoll-Leute gedacht hatten, haben wir uns über kulturelle Fragen und Wertefragen und sonst was unterhalten.

GYSI: Hast Du einen Unterschied festgestellt zwischen Bush, Thatcher und Mitterrand, wie sie zur Vereinigung stehen?

de MAIZIERE: Bush war strikt dafür, wenn es nach den Spielregeln geht, die er für richtig hielt. Mitterrand war gebremst dafür. Frau Thatcher war erkennbar dagegen.

GYSI: Hat sie das auch gesagt? Oder hat sie das vernebelt?

de MAIZIERE: Die Frage war längst entschieden. Sie focht mit überholten Argumenten. Es hat ja nicht nur die Sowjetunion ihr Einflußgebiet verloren, sondern die beiden kleineren Staaten Frankreich und England sind letztlich von einer Großmacht, von einer Siegermacht, zur Mittelmacht geworden, sie merkten, dass sie außerdem in einem nach Osten erweiterten Europa in eine Randlage geraten. Die Angst, in Europa könnte ein neues deutsches Hegemonialstreben entstehen, war deutlich erkennbar, während ein amerikanischer Präsident sich sagen kann, mein Land ist ohnehin so groß, da brauche ich ein Deutschland an Größe nicht zu fürchten.

GYSI: Als Du zum Ministerpräsidenten gewählt wurdest, was dachtest Du, für wie lange?

de MAIZIERE: Das kann man relativ gut nachlesen, und deswegen kann ich da auch nicht mogeln. In der Regierungserklärung, die ich am 19. April gehalten habe, habe ich gesagt: Ich hoffe, dass wir in all unseren Verhandlungen sowohl der inneren als auch der äußeren Aspekte der Einigung es schaffen können, dass wir 1992 in Barcelona erstmalig wieder mit einer gemeinsamen Olympia-Mannschaft antreten. Das war so ungefähr mein Zeithorizont, den ich damals hatte.

GYSI: Du hast eine Regierungserklärung abgegeben, die damals ein sehr breites, positives Echo fand, übrigens auch in der PDS-Fraktion, zumindest an bestimmten Stellen. Da wurde deutlich sichtbar, dass Du einen Untergang der DDR oder eine Vereinigung in Würde vollziehen wolltest. Zumindest war das mein Eindruck. Im Laufe der Monate nahm der Druck von außen, aber auch von Fraktionspartnern wie der DSU ständig zu und Du wurdest zu einem Tempo und zu Schritten gedrängt, bei denen man Dir anmerkte, dass das nicht alles Deinen Vorstellungen entsprach. Gab es einen permanent zunehmenden Druck, begann alles freier und wurde dann immer enger? Hat dieser Eindruck mich getäuscht?

de MAIZIERE: Ich hätte es würdevoller gefunden, wenn wir es geschafft hätten, unsere Verhältnisse selbst erst noch zu ordnen und uns nicht ordnen zu lassen. Dass ich die Würde betont habe, lag allerdings auch daran, dass ich schon da ahnte, dass das ein verletzliches Gut ist. Ich habe z.B. am 16. Februar, das war lange vor der Wahl, einen Artikel geschrieben, der stand noch in der »Neuen Zeit«. Es ging um zwei Dinge, um die Suche nach unserer eigenen Identität oder um vorauseilenden Gehorsam. Und ich warnte vor diesem vorauseilenden Gehorsam, denn jede Gegenwart hat nur dann ihren Segen, wenn man sie zwischen Vergangenheit und Zukunft lebt. Es gab mehrere Dinge, die zur Beschleunigung beigetragen haben: Erstens, die wirtschaftliche Situation bis hin zur Zahlungsunfähigkeit, Auslandsverschuldung, Währungsunion und dieser Komplex bis zur Erkenntnis, wie dürftig der Handlungsspielraum wird, wenn man keine Souveränität mehr hat.

GYSI: Das hat Lambsdorff deutlich gesagt: Wenn wir zahlen, müssen wir auch entscheiden dürfen!

de MAIZIERE: Du wirst Dich entsinnen, wie vehement diese Forderung nach der Währungsunion war. Es gab überhaupt kein Ausweichen. Das zweite war, dass mir schon im Mai Schewardnadse am Rande der Warschauer Vertragssitzung sagte: Beeilen Sie sich, ich weiß nicht, wie lange es mir noch gelingt, das, was wir außenpolitisch vereinbaren, wirksam in sowjetische Innenpolitik umzusetzen und zu transformieren. Wir brauchen für alles die Zustimmung des Obersten Sowjets. Mühselig haben wir dann versucht, bestimmte Zumutungen für die Sowjetunion weitestgehend zu vermeiden, bis zum letzten Parteitag, um zu erreichen, dass Gorbatschow Generalsekretär bleibt, weil wir sagten, wenn er dort abgewählt wird, dann kommen wir mit dem ganzen Prozess ins Schlingern. Es war also ein ganzer Komplex von Dingen, die diesen Prozess beschleunigten. Da bleibt nicht aus, dass der Kassenwart sagt, wenn ich bezahlen muss, darf ich auch die Spielregeln mitbestimmen. Es kamen noch die nicht gerade klugen Dinge in der Volkskammer hinzu. Ich hatte ja keine Volkskammersitzung, wo ich nicht fürchten musste, irgendein Trottel steht auf und sagt: Beitritt mit Wirkung von vorgestern. Und letztendlich schlug uns jeder solcher Anträge ein Stück unseres eigenen Verhandlungskapitals aus den Händen, weil wir immer schwieriger deutlich machen konnten, dass wir etwas anderes wollten.

GYSI: Um mit einem Gerücht aufzuräumen oder es bestätigt zu bekommen: Ursprünglich warst Du ja wie auch ich für eine Vereinigung auf der Grundlage des Art. 146 des Grundgesetzes, also für eine neue Verfassung, die vom gesamten Volk angenommen wird. Dann wäre ein neuer deutscher Staat entstanden, der die Rechtsnachfolge sowohl der DDR als auch der BRD angetreten hätte. Kurz vor der Wahl oder kurz nachher, das weiß ich nicht mehr, bist Du dann eingeschwenkt auf den Beitritt nach Art. 23 des Grundgesetzes. Im Raum steht das Gerücht, dass Kohl Dir so viel Dampf gemacht hatte, dass Du unter Druck den Art. 23 akzeptiert hättest.

Oder war das tatsächlich die Überlegung, dass ein anderer Weg nicht mehr realisierbar war?

de MAIZIERE: Ich hatte damals schon den Eindruck, dass für einen verfassungsgebenden Prozess der Zeitraum nicht reichen wird. Abgesehen davon, dass ich wußte, dass auch die Bevölkerung mehrheitlich eine Verfassungsdiskussion nicht wollte. Als ich mich damals mit Taxi-Fahrern und Leuten auf der Straße unterhalten habe, sagten die: die reden in der Volkskammer über Verfassung, die sollen die Einigung machen. Abgesehen davon, dass so die Alternative nicht stand, lautete der Art. 146 der damaligen Verfassung : Das Grundgesetz gilt, bis das geeinte deutsche Volk in freier Selbstbestimmung sich eine neue Verfassung gibt. Das heißt, zeitlich muss die Einigung vorausgehen. Aber ich war der Auffassung, dass es ein Junktim geben wird, dass man sagt, wir gehen Art. 23, aber zugleich gehen wir den Art. 146 an. Was dann allerdings der Verfassungausschuss des ersten gemeinsamen deutschen Parlaments gemacht hat, das kann die Katze auf dem Schwanz davontragen. Dafür brauche ich nicht beträchtliche Ausgaben für eine Volksabstimmung.

GYSI: Ich komme noch mal zurück zum Vereinigungsprozess. Also Zeitdruck klar, – wirtschaftliche Schwierigkeiten – klar, dann war die Währungsunion da, damit die Finanzhoheit in Bonn. Unter diesen Voraussetzungen ist ein Einigungsvertrag ausgehandelt worden. Warum heißt dieser nicht korrekterweise Beitrittsvertrag?

de MAIZIERE: Der Name Einigungsvertrag geht sogar auf mich zurück. Wir hatten den ersten Staatsvertrag zur Herstellung der Wirtschafts- und Sozialunion, und dann wurde der zweite Staatsvertrag behandelt. Da haben wir gesagt, nein, das kann es nicht sein. Dieser Vertrag muss anders heißen, er muss das Ziel dieses Vertrages definieren. Ich bin heute noch strikt dafür, dass wir von der Einigung reden und nicht von Wiedervereinigung, weil zwei Drittel und mehr der Menschen in beiden deutschen Staaten nicht wiedervereinigt wurden. Ich wollte schon, dass da ein symbolischer Name steht. Wie es mir überhaupt schien, dass bestimmte symbolische Fragen wichtiger sind, als wir sie uns denken. Ich glaube, dass es nicht gleichgültig ist, wie das Gemeinwesen heißt, in dem man lebt.

GYSI: Wo wurde der Inhalt entworfen bzw. formuliert? Kam der erste Entwurf aus Bonn?

de MAIZIERE: Vom Währungsunions-Vertrag kam der erste Entwurf aus Bonn. Vom Einigungsvertrag kam der erste Entwurf von uns. Wir hatten einen Arbeitsstab deutsche Einheit gebildet. Ich habe noch zu Hause drei, vier, fünf Exemplare des Einigungsvertrages vom ersten Entwurf bis zum letzten und würde gern rechtsvergleichend darüber arbeiten, wer hat sich wo durchgesetzt. Aber das wird wohl eine Sache sein, die ich dem Rentenalter vorbehalten muss. Im Moment kann ich mir das noch nicht leisten.

GYSI: Mal angenommen, ich könnte zaubern und wir hätten jetzt noch mal den Beginn der Einigungsverhandlung. Du hättest aber das Wissen von heute. Das ist natürlich das Unfaire daran, weil Du das logischerweise vorher nicht hattest. Bei welchen zwei, drei Punkten würdest Du darauf bestehen, sie anders zu regeln. Oder gibt es solche Punkte nicht?

de MAIZIERE: Ich würde eine ganze Menge nicht anders machen. Ich glaube, dass der Vertrag besser ist als sein Ruf. Denn keiner hat sich überlegt auszudenken, was wäre, wenn wir ihn nicht hätten. Wenn z.B. nicht geregelt wäre, wie das mit der Anerkennung von Berufsabschlüssen wird, die in Ostdeutschland erworben worden sind. Oder wie das mit der Fortgeltung von verwaltungsrechtlichen Entscheidungen oder Urteilen ist. So ein Vertrag existiert ja nicht, indem man ein ideales Papier entwirft, sondern er entsteht in Verhandlungen, man setzt sich durch oder man setzt sich nicht durch. Wir haben uns z.B. nicht durchgesetzt in wesentlichen Teilen der Eigentumsregelung. Das halte ich nach wie vor für problematisch. Ein reines Entschädigungsprinzip, ich weiß nicht, wie man das hätte finanzieren sollen. Denn wir nahmen damals an, es wären 400.000 bis 500.000 Fälle, es waren in Wirklichkeit 2,2 Mio Anträge auf

Rückübertragung von Eigentum. Und es gab verschiedene Enteignungen in der DDR-Zeit, Aktion Rose und Waldheim-Prozesse u.ä., bei denen der Unrechtsgehalt der Enteignungsmaßnahme so unerträglich war, dass jeder Neuanfang mit der Verweigerung der Rückgabe völlig unglaubwürdig gewesen wäre.

GYSI: Aber rausgekommen ist, dass Hunderttausende erst einmal um ihre Grundstücke zittern mussten. Hätte man nicht sagen können, Rechtsfrieden erfordert Klarheit? Und dabei hätte man Ausnahmen machen können, die wir in der Volkskammer schon beraten hatten?

de MAIZIERE: Das wollte ich gerade sagen. Die Büchse der Pandorra war schon aufgemacht. Wenn Du so eine Büchse aufmachst, dann kriegst Du das nicht wieder reingestopft. Schon mit der Rückgabe-Verordnung aus der Modrow-Zeit war für die Frage der Restitution von Eigentumsverhältnissen letztendlich die Weiche gestellt. Aber auch beim Eigentum gibt es eine ganze Reihe von Fällen, wo wir letztendlich, um Härte zu vermeiden, die Enteignung hätten noch vollenden müssen. Nimm die ganze Frage Kleinmachnow, was immer als besonders schauriges Beispiel dargestellt wird. 80 Prozent der Betroffenen lebten in Grundstücken, die nie enteignet worden waren, wo sie auch nie Eigentümer geworden waren, sondern wo sie Besitzer waren. In der DDR sind zivilrechtlich die Begriffe Eigentum und Besitz unscharf geworden. Wir haben nicht mehr konkret unterschieden zwischen Eigentum und Besitz. Wir haben angebaut und ausgebaut in Eigentum, für das im Grundbuch der Name stand, der den Betroffenen heute Sorgen macht. Das heißt, wir hätten enteignen müssen, um zu schützen. Das hättest Du mir mal sagen sollen, wie wir das hätten durchsetzen sollen. Wir haben versucht, Ausschlusstatbestände zu definieren. Und ich glaube, dass wir bei der Aushandlung der Ausschlusstatbestände breiter hätten fächern müssen, abgesehen davon, dass wir uns ja nicht über alle Eigentumspraxen der vergangenen vierzig Jahre völlig im Klaren waren. Das ist in den fünf Ländern, später in den Bezirken, unterschiedlich gewesen. Das Grundbuch hatte ja in der DDR letztendlich nicht die Bedeutung, die es heute hat. Heute hat man den Eindruck, dass es fast die heilige Schrift ist. Es war ein Buch, das damals die wenigsten Menschen interessierte.

GYSI: Aber hätte man die Modrow-Verordnung noch retten können im Einigungsvertrag?

de Maiziére: Das Modrow-Gesetz vom 7. März ist über den Einigungsvertrag ins fortgeltende Recht gekommen. Das ist geltendes Recht.

GYSI: Das war sicherlich nicht so zu machen, der Bundesgerichthof hat versucht, es an allen Ecken und Kanten auszuhebeln.

de MAIZIERE: Es gab in der Koalitionsvereinbarung eine Reihe von Festlegungen, wie wir damit umgehen sollten. Auch da war schon die Mehrheit der Koalition stärker für ein Rückgabeprinzip.

GYSI: Die SPD auch?

de MAIZIERE: Ja, sicherlich.

GYSI: Das hat Thierse in der Volkskammer immer anders dargestellt. Aber erst, nachdem die SPD in die Opposition gegangen war.

de MAIZIERE: Eben. Als die politische Erklärung zur Eigentumsfrage vom 15. Juni 1990 fertig war, bin ich zu Richard Schröder gegangen, dem damaligen Fraktionsvorsitzenden der SPD, und habe gesagt: So, Richard, nun fahre mal nach Bonn und rede mit Deinen Genossen, die haben im Bundestag die Sperrminorität und im Bundesrat die Mehrheit, das war nach der Niedersachsen-Wahl, die müssen jetzt Druck machen. Und dann kam er nach ein paar Tagen wieder und sagte: Es ist Wahljahr, und warum sollen wir uns hier Probleme verschaffen. Abgesehen davon, haben sie später nach der Einigung gesagt, jetzt soll das Prinzip umgekehrt werden. Das war Unsinn. Denn mit der Einigung und dem Inkraftreten des Einigungsvertrages waren die Rückgabeansprüche eigentumsgleiche Rechte, so dass nur eine verkehrswertegerechte Entschädigung nach Art. 14 (3) GG möglich gewesen wäre. Aber etwas anderes kommt noch hinzu, was mich in dem ganzen Prozess verfolgt hat. Das Recht ist eigentlich zu stumpf, um in Zeiten solcher Brüche Gerechtigkeit in einem höheren Sinne zu produzieren. Dieser Satz von Frau Bohley: Wir wollten Gerechtigkeit und haben einen Rechtsstaat bekommen, ist ja Ausdruck von zweierlei: Einmal von Enttäuschung, aber zum anderen auch Ausdruck von begrifflicher Unklarheit, weil sie die philosophischen Kategorien Recht und Moral nicht auseinanderhalten kann. Eine Gerechtigkeit in einem höheren, in einem himmlischen Sinne wird sich wahrscheinlich in solchen Zeiten ganz schwer herstellen lassen.

GYSI: Wie war die Gleichstellung im öffentlichen Dienst im Ursprung gedacht?

de MAIZIERE: Wir sind damals von einer schrittweisen Annäherung der Einkommensverhältnisse Ost/West ausgegangen, ohne konkrete Vorstellungen, wann die 100-Prozent-Grenze erreicht ist. Als die Gewerkschaften 1990/91 sagten, in vier Jahren werden wir 100 Prozent erreicht haben, hielt ich das für wirtschaftlich falsch. Auch im Öffentlichen Dienst stehen die Einkommen ja nicht im luftleeren Raum, sondern die Einkommen in der gewerblichen Wirtschaft müssen sich an der Produktivität der jeweiligen Unternehmen messen, und sie haben natürlich einen Sog auf den öffentlichen Dienst. Als wir in Berlin in bestimmten Teilen des Öffentlichen Dienstes oder bei den S-Bahn-Fahrern 100 Prozent machten, hatte das sofort Rückwirkung auf die gewerbliche Wirtschaft. Ich habe allerdings nicht geglaubt, dass es zehn Jahre dauern würde, bis im Öffentlichen Dienst die Einkommen angeglichen sind. Wie ich auch nicht geglaubt habe, dass die Abschläge von der Rechtsanwaltsgebührenordnung zehn Jahre dauern würde. Das erleben wir ja auch noch.

GYSI: Aber müsste nicht die Politik auf eine schnellere Angleichung drängen, müsste die Politik nicht andere Ziele formulieren, wenn sie die Vereinigung will?

de MAIZIERE: Ich war damals der Meinung, eine solche Unterscheidung ist gerechtfertigt beispielsweise bei den Anwälten oder bei den Ärzten, sie haben über einen längeren Zeitraum eine günstigere Kostenstruktur. Die ist aber längst weg. Ich zahle dieselbe Miete in meinem Büro, ob ich mein Büro am Kupfergraben habe oder in Westberlin, das ist gleichgültig. Dass die Politik dort die Ziele anders formulieren müsste, da stimme ich Dir schon zu. Aber nimm mal allein Berlin, das damals im Alleingang die Angleichung gemacht hat. Da hat die Tarifgemeinschaft deutscher Länder Berlin ausgeschlossen und gesagt, wir weigern uns, euch zukünftig in den Tarifverbund einzubeziehen. Abgesehen davon: wohin ein Gemeinwesen führt, das mehr ausgibt als es erwirtschaftet, damit haben wir unsere einschlägigen Erfahrungen.

GYSI: Es ist nur so schwierig, wenn Du z.B. in meinem Wahlkreis bist. Zwei Polizisten machen zusammen den gleichen Dienst in Marzahn. Beide waren Volkspolizisten, der eine ist 1990 nach Westberlin gegangen, vor dem 3. Oktober, und ist nach dem 3. Oktober 1990 wieder nach Marzahn zurückgekommen. Der andere ist immer hier geblieben. Dadurch gilt der eine als von Westberlin nach Ostberlin gekommen und bekommt 100 Prozent und der andere eben nur 85 Prozent.

de MAIZIERE: Die Ungereimtheiten des Einigungsprozesses sind natürlich in Berlin besonders mit Händen zu greifen. Das ist vielleicht in Sachsen oder sonst irgendwo anders. Deswegen ist ja Berlin letztendlich bei der Tarifgemeinschaft deutscher Länder ausgestiegen, weil sie gesagt haben, das ist nicht zu vermitteln, warum der Busfahrer, der morgens um 6.00 von seinem Bock runtersteigt, 85 Prozent kriegt, und der Kollege, der die nächste Schicht fährt, kriegt 100 Prozent. Bloß wir wissen, wie der Landeshaushalt Berlins aussieht, dass man zur Deckung der Fehlausgaben das Tafelsilber verscherbeln muss. In der Politik hat man häufig nur die Wahl zwischen Teufel und Beelzebub. Und manche denken, man könne nur Läuse oder Flöhe haben, aber man kann auch beides haben.

GYSI: Was glaubst Du, wann wir die gleichen Löhne Ost und West haben? Sag mal eine Prognose.

de MAIZIERE: Ich glaube, dass sich in der gewerblichen Wirtschaft bis hin zum Handwerk die Produktivitätsorientierung noch länger ein Auseinanderklappen und Auseinanderdriften zeigen wird, dass aber im Öffentlichen Dienst in fünf Jahren von solchen Unterschieden nicht mehr geredet werden kann. Das hält die Gesellschaft auch im Spannungsfeld innerlich nicht aus.

GYSI: Hättest Du am 3. Oktober 1990 aufhören sollen?

de MAIZIERE: Das ist meine feste Überzeugung. Ich habe das auch als Auftrag auf Zeit empfunden. Ich habe im engeren Kreis davon gesprochen und gesagt: Gut, das war der Auftrag, jetzt gehst Du nach Hause und wirst wieder Anwalt. Ich habe mich überreden lassen. Viele sagten, wir brauchen Dich als Stimme. Ich glaube, das war ein Fehler. Man kann nicht zweimal in den gleichen Fluss steigen. Man muss einen Auftrag, wenn er erledigt ist, auch loslassen. Den Fehler, den ich gemacht habe, habt ihr auch gemacht. Ich halte es für einen Fehler, dass ihr Hans Modrow mit nach Bonn genommen habt. Dessen Aufgabe war getan.

GYSI: Du wurdest unter Kohl Minister für besondere Aufgaben. Wir haben schon kurz über die Kabinettssitzung gesprochen. Wenn ich das richtig verstanden habe, waren das alles so gut vorbereitete Vorlagen, dass es im Kabinett kaum noch Diskussionen gab.

de MAIZIERE: Es war ein Vakuum eingetreten durch die Einigung, aber wir hatten in Ostdeutschland noch keine Länderparlamente, die sind erst am 14. Oktober gewählt worden. Wir haben Außenstellen der Bundesministerien in Berlin gehabt, und die Aufgaben der Minister für besondere Aufgaben war, bestimmte Zuständigkeiten in diesen Außenstellen wahrzunehmen. Dass sich die Fachminister ungern von uns haben reinreden lassen, das war eine Sache, die man hätte voraussehen können, die aber in der tatsächlichen Schärfe nicht erkennbar war. Ich war der Meinung, wir können nicht Dinge dem Selbstlauf überlassen. Wir wussten, die haben die Sachkompetenz, aber wir haben die Feldkompetenz.

GYSI: Wie lange dauerte eine Kabinettsitzung bei Kohl? Wieviel Vorlagen habt ihr beschlossen?

de MAIZIERE: Zwei-, zweieinhalb Stunden. Es war jedenfalls angenehm viel weniger als in meiner Zeit. Wir haben damals 759 Vorlagen in fünfeinhalb Monaten besprochen. Das war ein ganzer Haufen Papier.

GYSI: Das heißt, Du hattest in dieser Zeit alle Hände voll zu tun, nicht nur mit Wahlkampf, sondern direkt auch als Bundesminister?

de MAIZIERE: Wenn man Aufgaben suchte, konnte man sie auch wahrnehmen. Man konnte das aber auch gelassener angehen. Letztendlich ist es so, dass ein Amt so viel Arbeit bringt, wie man sich selber Arbeit macht mit dem Amt, wie ernst man das Amt nimmt.

GYSI: Zurück zum Einigungsvertrag. Du hast gesagt, man muss sich auch überlegen, was passiert wäre, wenn man ihn nicht gehabt hätte. Ich erinnere mich sehr gut, dass ich in der Volkskammer damals meine Gründe genannt habe, weshalb wir ihn ablehnen, u.a. wegen der Eigentumsfrage. Aber ich habe auch gesagt, wir werden die Ersten sein, die ihn verteidigen werden. Das ist insofern eine Wahrheit geworden, als die PDS im Bundestag den Einigungsvertrag am häufigsten anspricht, während er von anderen kaum noch auf die Tagesordnung kommt. Und mich hat immer geärgert, wie man ihn mit einfachem Bundesrecht geändert hat.

de MAIZIERE: Es gibt auch Dinge des Einigungsvertrages, die nicht wahrgenommen werden, z.B. der Art. 44. Die bundesdeutsche Seite wollte den nicht. Das ist diese Rechtswahrungssituation. Dort heißt es: Rechte aus diesem Vertrag zugunsten der DDR und nach ihrem Beitritt zugunsten der neuen Länder kann jedes dieser Länder in eigenem Namen geltend machen. Ich habe noch nicht einen einzigen der ostdeutschen Ministerpräsidenten erlebt, der gestützt auf Art. 44 Rechte aus dem Einigungsvertrag eingeklagt hätte. Wir hatten im Art. 44 eine weitere Bestimmung, die uns wegverhandelt wurden, da haben wir uns nicht durchsetzen können. Ich wollte im 44.1, dass die ostdeutschen Länder für eine Übergangszeit im Bundesrat eine Art Sperrminorität haben. Das hat übrigens Herr Clement, jetzt Chef von NRW, wegverhandelt.

GYSI: Du bist nicht wieder Minister geworden, auf eigenen Wunsch. Es kamen die bekannten Auseinandersetzungen. Es ging immer das Gerücht, das Verhältnis zwischen Dir und Helmut Kohl hätte nicht gestimmt. Ist da was dran?

de MAIZIERE: Mich hat Egon Bahr in einer Veranstaltung vor einer Weile gefragt, ob ich unter dem Liebesentzug von Helmut Kohl gelitten hätte? Da habe ich gesagt, man kann nur über Entzug von etwas leiden, was man zuvor besessen hat. Zum Nichtstimmen von Chemie gehören immer zwei Menschen. Er konnte mit mir nicht, aber ich konnte mit ihm auch nicht.

HANS-OTTO BRÄUTIGAM

geboren:	6. Februar 1931 in Völklingen
1950:	nach Abitur Studium der Rechts- und Staatswissenschaften an den Universitäten München und Bonn (1951 bis 1954) und Studienaufenthalte in Paris und an der amerikanischen Harvard Law School (1955 bis 1957); Promotion zum Dr. jur.
1958-1962:	Assistent am Heidelberger Max-Planck-Institut für ausländisches öffentliches Recht und Völkerrecht
1962:	Eintritt in den Auswärtigen Dienst der Bundesrepublik Deutschland
1964-1966:	Tätigkeit im Büro des Außenministers Gerhard Schröder (CDU)
1966-1969:	Diplomatische Tätigkeit in der NATO-Vertretung der BRD in Paris und der Botschaft der BRD in London
1969-1974:	Tätigkeit im Deutschland-Referat des Auswärtigen Amtes und in der Deutsch-Alliierten Vierer-Gruppe; unter Egon Bahr Mitarbeit am Verkehrsvertrag und Grundlagenvertrag mit der DDR; Tätigkeit im Bundeskanzleramt
1974-1977:	Mitarbeit beim Aufbau der Ständigen Vertretung der BRD in der DDR, Stellvertreter des Missionschefs Günter Gaus
1977-1980:	Leiter des Arbeitsstabes Deutschland-Politik im Bundeskanzleramt
1980:	Rückkehr ins Auswärtige Amt
1982-1988:	Beförderung zum Staatssekretär und Leiter der Ständigen Vertretung der BRD bei der DDR
1988:	Botschafter der BRD bei den Vereinten Nationen in New York
1990:	Berufung zum Minister der Justiz und Bevollmächtigter des Landes Brandenburg beim Bund
1994-1999:	Minister der Justiz und für Bundes- und Europaangelegenheiten des Landes Brandenburg

FREMDZEUGNISSE

»Der hochgewachsene Mann mit den vier untrüglichen Erkennungszeichen – honigfarbene Brille, Hände auf dem Rücken oder in der Hosentasche, angelsächsisch-elegant wie eine Spitzenkraft des Foreign-Office, leise Stimme – verstand sich stets als Überbringer westlicher Werteordnung. Nicht als Berufsplauderer, sondern als fundierter Berichterstatter mit skalpell-scharfen Einschätzungen. ›Wenn es donnerte, sorgte er nicht noch für den Regen‹, sagte ein ehemaliger Mitarbeiter. Eine treffliche Kennzeichnung Bräutigams, der deutschlandpolitische G'schaftlhuberei und grobe Keile auf grobe Klötze nie mochte.«

Hans-R. Karutz, in »Die Welt« vom 13.12.1988

»Er vertritt die Ideale der Sozialdemokratie, hat zugleich aber einen konservativen Touch, der christdemokratisch gesonnenen Juristen die Berührungsängste nimmt. Als ehemaliger Leiter der Ständigen Vertretung der Bundesrepublik in der DDR kann er trotz seines westlich geprägten Auftritts eine profunde Kenntnis der Tiefen der Ost-Seele für sich reklamieren.«

Ulf C. Goettges, in »Berliner Zeitung« vom 18.11.1998

SELBSTZEUGNISSE

»Wir haben mit großen, tief gehenden Meinungsverschiedenheiten und Gegensätzen die Arbeit begonnen. Diese Meinungsverschiedenheiten in den Grundfragen gibt es unverändert. Aber es ist möglich gewesen, die Zusammenarbeit trotz dieser Gegensätze zu entwickeln. Und aus dieser Zusammenarbeit sind mehr und mehr gemeinsame Interessen entstanden, die heute ein Gegengewicht bilden zu den unverändert bestehenden Gegensätzen, aus denen Spannungen nach wie vor entstehen.«

2.5.1984, Interview im Deutschlandfunk

»Für beide Staaten steht die Vertrauensbildung im Zeichen der Friedenspflicht, und Friedenspflicht ist mehr als Abrüstung. Es geht um eine Vertrauensbildung, die die Abrüstung erst möglich macht. Da haben die beiden deutschen Staaten in Europa einen wichtigen Beitrag zu leisten und teilweise sogar gemeinsam zu leisten. Sie können Anstöße geben zu einer neuen Ordnung in Europa. Ich glaube, dass wir auf diesem Wege sind und dass sich die Politiker auf beiden Seiten dieser Pflicht, die auch eine Chance ist, bewusst sind...«

15.7.1988, Interview in der Neuen Ruhrzeitung

»Ich habe Zweifel, ob es in der deutschen Nation vor und nach 1871 jemals eine Harmonie gegeben hat. Es gab im Gegenteil innerhalb der deutschen Nation große Spannungen, soziale, ideologische und regionale Spannungen. Die deutsche Teilung hat ihre Vorläufer. Die deutsche Geschichte ist leider voller Spannungen.«

13.1.1989, Interview mit »Die Zeit«

»Nach 40 Jahren Spaltung, die mit den Jahren immer tiefer geworden war, müssen wir uns jetzt um Versöhnung bemühen. Wir dürfen diejenigen, die dem SED-Regime aus Überzeugung oder Anpassung gedient haben, nicht ausgrenzen. Wenn wir die Deutschen in Ost und West 1991 einteilen in die Gerechten, die erfolgreich waren, und die Schwachen, die menschlich versagt haben, dann werden wir die bisherige äußere Spaltung nur in eine innere verwandeln. Die Auseinandersetzung über die Vergangenheit ist notwendig. Wir müssen sie mit dem Willen zur Wahrhaftigkeit und mit der Bereitschaft zur Versöhnung führen. Alle Deutschen sollten sich darum bemühen, die unterschiedlichen Lebenslagen und Verhaltensweisen, die politischen Zwänge, die Kompromisse, denen viele nicht ausweichen konnten, auch die ideologischen Versuchungen zu verstehen und nicht selbstgerecht und pauschal zu verurteilen.«

18.3.1991, Interview in »Der Spiegel«

»Ich hoffe, dass die Westdeutschen in ihrer moralischen Sicherheit und Überlegenheit ein bisschen erschüttert werden. Denn sie sind ja diesen vielfältigen Zwängen unter der SED-Diktatur gar nicht ausgesetzt gewesen. Deshalb sollten sie zwar an der Vergangenheitsaufarbeitung teilnehmen, aber mit der gebotenen Zurückhaltung.« *14.1.1994, im Gespräch mit dem »Handelsblatt«*

»Es gibt etwas, das im Osten heute noch, meine ich, eine größere Rolle spielt als im Westen: Das ist ein Bewusstsein der Solidarität. Die Bevölkerung war in der DDR auf eine Solidarität unterhalb und außerhalb des Staates angewiesen, im Kleinen oft, und ist mit diesem Gefühl, dass man sich gegenseitig helfen musste, groß geworden. Das hat ein Stück der Lebensqualität in der DDR ausgemacht. Das ist heute immer noch sehr stark vorhanden. Heute lebt es geradezu wieder auf, weil ja viele in Not und in Schwierigkeiten sind und dieser Solidarität bedürfen.«

14.7.1996, Interview mit dem Hessischen Rundfunk

»Das ostdeutsche Politikverständnis ist viel stärker am Ergebnis orientiert als an den demokratischen Verfahren, die schließlich zu einem Kompromiss führen. Die Menschen in den neuen Ländern haben eine konkrete Vorstellung davon, was erreicht werden muss. Und sie meinen, da dürfe man nicht lange herumreden und sich gegenseitig blockieren. Das Übermaß an Taktieren, das sie wahrnehmen, geht ihnen auf die Nerven.«

13.6.1998, Interview in »Berliner Zeitung«

GYSI: Herr Dr. Bräutigam, ich habe mich natürlich vorbereitet. Trotzdem zunächst einmal: Wann und wo sind Sie geboren? Wo sind Sie aufgewachsen? Was war das für eine Familie, war sie kirchlich gebunden?

BRÄUTIGAM: Geboren bin ich in einem Land, aus dem meine Familie nicht stammte, nämlich dem Saarland. Mein Vater war dort einige Zeit in einem großen Stahlwerk als Chemiker tätig. Bald darauf sind wir in die Nähe von Frankfurt am Main gezogen, wo ich während des Krieges als Kind aufgewachsen und in die Schule gegangen bin. Vor allem an den Bombenkrieg kann ich mich noch sehr genau erinnern. Dann, auch wieder kriegsbedingt, sind wir nach Westfalen gegangen, wo die Familie herstammt, und dort habe ich das Abitur gemacht.

GYSI: Noch während des Krieges?

BRÄUTIGAM: Nein, das war schon nach dem Krieg. Geboren bin ich 1931, gehöre also – wie sagen Sie hier in Marzahn? – »zu den Altkadern«. Mein Elternhaus war eher national-konservativ. Das war damals nicht ungewöhnlich. Bis zum Ende des Ersten Weltkrieges war mein Vater Offizier, danach nicht mehr. Mein Elternhaus war religiös geprägt.

GYSI: Protestantisch?

BRÄUTIGAM: Katholisch, wie ganz Westfalen überwiegend katholisch ist. Es waren keine ungewöhnlichen Prägungen in meiner Jugendzeit, die ich erhalten habe, und von diesen Prägungen habe ich mich zu einem größeren Teil gelöst, aber natürlich nicht ganz. Wer schafft das schon?

GYSI: Haben Sie Geschwister?

BRÄUTIGAM: Eine Schwester.

GYSI: Ist sie älter oder jünger? Also – wurden Sie unterdrückt oder haben Sie unterdrückt?

BRÄUTIGAM: Älter, sie hat mich unterdrückt. Ich habe mich behaupten müssen. Es hat mir ganz gut getan.

GYSI: Was haben Sie nach dem Abitur gemacht? Ihr Vater war Chemiker, national-konservativ geprägt. Sie haben Jura studiert. Warum?

BRÄUTIGAM: Das war 1951. Die Familie meines Vaters ist an sich eine Juristenfamilie, seit Generationen, und insofern war es naheliegend, Jura zu studieren. Der Beruf war auch nicht so überfüllt. Das Problem der Überfüllung gab es zu der Zeit überhaupt nicht. Die Probleme waren ganz andere. Man lebte in einer Enge, man lebte unter den Belastungen, die wir vom Krieg davongetragen hatten. Ich gehöre zu der Generation, die nach dem Krieg, noch als Jugendliche, erfahren hat, was alles passiert war – Auschwitz, der schreckliche Krieg.

GYSI: Ich frage das auch deshalb, weil die Bundesrepublik, anders als die DDR – ich will darüber jetzt nicht moralisch rechten – sich nach 1945 entschieden hat, den Großteil der Juristinnen und Juristen aus der NS-Zeit zu übernehmen und irgendwie in eine demokratische Verfasstheit der Bundesrepublik zu integrieren. Später, 1968, gab es Rebellionen der nächsten Generationen. Wie war das aber damals, als man auf Professoren, Dozenten oder Richter und Staatsanwälte traf, auf Juristen, von denen man wusste, sie waren das möglicherweise schon vor 1945? Das waren ja zugleich die Lehrer, von denen man erst einmal das juristische Handwerk lernen musste. Gab das Konflikte oder ging das eher reibungslos, hat man sich damit einfach abgefunden?

BRÄUTIGAM: Es gab an den juristischen Fakultäten nicht nur Juristen, die durch die Nazizeit geprägt waren und sich davon möglicherweise gar nicht gelöst hatten. Es gab auch Emigranten, die zurück gekommen waren, und einige davon habe ich als Lehrer gehabt. Einer meiner Lehrer, bei dem ich später Assistent wurde, war ein Mann, der dem Widerstand nahe stand, und zwar ziemlich nahe. Also die gab es auch. Das war kein einheitliches Bild. Aber es gab eben auch die anderen. Und es ist richtig, die Juristen waren sehr konservativ geprägt. Es waren keinesfalls alles alte Nazis, aber sie waren sehr konservativ geprägt und hatten die Vergangenheit nicht wirklich verarbeitet. Das muss man schon so sagen.

GYSI: Eine Mann wie Globke, löste er Streit aus?

BRÄUTIGAM: Er löste sehr großen Streit aus.

GYSI: Schon in der fünfziger Jahren?

BRÄUTIGAM: Natürlich. Es hat zu meiner Studentenzeit die große Auseinandersetzung gegeben: soll die deutsche Politik sich in die westliche Staatengemeinschaft integrieren, wahrscheinlich um den Preis der deutschen Einheit? Das war die große Debatte um den NATO-Vertrag. Sie dauerte von 1952 bis 1955 und ist schließlich so entschieden worden, wie Sie alle wissen, nämlich mit einer Entscheidung für die Westintegration – ich will nicht sagen gegen die deutsche Einheit. Viele waren sich allerdings im Klaren darüber, dass das wohl der Preis sein würde.

GYSI: Die Stalin-Note 1952 mit dem Vorschlag gesamtdeutscher Wahlen, spielte die auch eine Rolle?

BRÄUTIGAM: Die spielte eine zentrale Rolle, denn der Adenauer-Regierung ist damals der Vorwurf gemacht worden, sie wolle gar nicht die Wiedervereinigung. Das kann man, glaube ich, nicht auf diesen Nenner bringen. Für mich war dies die erste große politische Diskussion, an der ich mich – nicht öffentlich, weil ich gar keine Gelegenheit dazu hatte, aber in Studentenkreisen – beteiligt habe. Und zwar damals für die deutsche Einheit. Ich war ein »Gesamtdeutscher« und bin es bis zum Schluss geblieben.

GYSI: Damals wurden im Westen auch Leute für die Forderung: »Deutsche an einen Tisch« bestraft. Auf der anderen Seite war bei uns in der DDR jeder Satz gegen Wiedervereinigung fast etwas Hochverräterisches, was sich nach 1961 umkehrte, als jeder Satz für Wiedervereinigung etwas Hochverräterisches wurde. Ich kann mich noch sehr gut an den diesbezüglichen Wechsel erinnern. Hat es einen solchen adäquat auch in der Politik der Bundesrepublik gegeben?

BRÄUTIGAM: Es gab national-konservativ geprägte Deutsche und es gab national-kommunistisch geprägte Deutsche. Die berührten sich, trafen sich sogar irgendwo in ihrem Denken.

GYSI: Was haben Sie nach dem Studium gemacht? Sind Sie erst mal in der Wissenschaft geblieben?

BRÄUTIGAM: Ich war vier Jahre Assistent an einem wissenschaftlichen Institut in Heidelberg. Zuvor war ich ein Jahr in Amerika und ein gutes halbes Jahr in Frankreich. Ich brach also erst einmal aus der Enge der Bundesrepublik aus. Es gab nicht nur eine Enge in der DDR, es gab in den fünfziger Jahren auch eine Enge in der Bundesrepublik. Man konnte nicht einfach ins Ausland fahren oder seine Ferien irgendwo verbringen, wofür wir ohnehin kein Geld hatten. Das waren ganz andere Verhältnisse, als man sie sich heute in Westdeutschland vorstellt. Ich bin bis zu meinem 24. Lebensjahr ein einziges Mal auf einer Studienreise drei Tage in Paris gewesen. Das war's aber auch.

GYSI: Da haben bei uns manche noch länger gewartet.

BRÄUTIGAM: Wie bitte? Ich will doch keine solchen Gefühle wecken. Ich meine, so selbstverständlich war das damals für uns auch noch nicht. Ich bin als Schüler mit dem Fahrrad einmal an den Bodensee gefahren – 800 km – und ich weiß noch, wie ich auf die andere Seite guckte, da war die Schweiz. Da konnte unsereins gar nicht hin. Das war das gelobte Land.

Und aus dieser Enge heraus ist mein Wunsch entstanden, der auch einen gewissen familiären Hintergrund hatte, irgendetwas »mit Ausland« zu tun. Das war für mich zunächst gar nicht mal Diplomatie, die gab es Anfang der fünfziger Jahre in diesem Sinne noch nicht. Ich wollte aus dieser deutschen Enge heraus. Das war mein Hauptmotiv.

GYSI: Sie wollten also einen bestimmten Provinzialismus bei sich selbst gar nicht erst zulassen?

BRÄUTIGAM: Ich hatte vier Jahre auf dem Land gelebt, das hatte mir gereicht.

GYSI: War Heidelberg damals eher eine linke Universität, oder kann man das so nicht sagen?

BRÄUTIGAM: Das war noch lange vor 68. Ich war 1958 bis 1962 in Heidelberg. In der Zeit war es eine liberal aufgeklärte Universität, übrigens mit der wohl besten juristischen Fakultät in Deutschland. Also liberal, aufgeklärt liberal, traditionell liberal, aber links würde ich sie nicht nennen. Sie wurde 1968 vorübergehend sehr links.

GYSI: Sie haben dort ihre Dissertation geschrieben und verteidigt?

BRÄUTIGAM: Nein, die habe ich noch in Bonn geschrieben, wo ich als Assistent angefangen hatte. Ich habe in Bonn das Examen gemacht.

GYSI: Wie Marx.

BRÄUTIGAM: Wie Marx. Aber das wusste ich damals noch nicht. Marx hatte ich noch nicht gelesen.

GYSI: Auf welchem Rechtsgebiet haben Sie Ihre Dissertation geschrieben?

BRÄUTIGAM: Ich habe eine völkerrechtliche Arbeit über die ständige Neutralität geschrieben. Das betraf Österreich und die Schweiz. Im Hinterkopf hatte ich immer die Frage: Könnte dieses Deutschland auch neutral werden? Darüber habe ich zwar nur eine sehr lange Fußnote verfasst, das war aber eigentlich meine These. Meine Antwort war: Das geht nicht, dieses Deutschland wird nicht neutral werden können. Man kann es nicht herausnehmen aus diesem Konflikt. Es war die hohe Zeit des Kalten Krieges.

GYSI: Aber Österreich hatte dieselben Besatzungsmächte und hat es dennoch geschafft.

BRÄUTIGAM: Weil es klein war.

GYSI: Wir waren trotz der Gebietsabschneidung noch nicht klein genug dafür?

BRÄUTIGAM: Also ich habe die DDR als neutralistisch empfunden, von ihrem Instinkt her. Das war sie natürlich nach außen hin gar nicht. Ich habe sie in weiten Teilen der Bevölkerung als neutralistisch empfunden.

GYSI: Nach Ende Ihrer wissenschaftlichen Assistenzlaufbahn und den Praktika, wie ging es weiter? Sind Sie gleich in den Staatsdienst gekommen? Sie waren doch nie am Gericht tätig, das heißt forensische Praxis gleich Null?

BRÄUTIGAM: Null. Ich habe es nie erwogen.

GYSI: Aber Sie sind der klassische Typ eines Richters.

BRÄUTIGAM: Nein. Wenn Sie mich schon einstufen wollen: Ich bin ganz bewusst in den Staatsdienst gegangen, nicht weil ich Beamter werden wollte, sondern weil ich für den Staat arbeiten wollte, ganz schlicht. Ich war an einem völkerrechtlichen Institut, habe mich vier Jahre lang sehr intensiv mit Völkerrecht befasst, und bin da mit der deutschen Frage in Berührung gekommen, habe darüber Gutachten verfasst – damals mit meinem Lehrer zusammen. So war der Weg in den Auswärtigen Dienst ziemlich nahe liegend.

GYSI: Der Auswärtige Dienst, in welche Länder hat er Sie gebracht?

BRÄUTIGAM: Eigentlich bin ich in den Auswärtigen Dienst gegangen, weil ich die Welt kennen lernen wollte. Das ist mir leider misslungen.

GYSI: Das heißt, Sie saßen meistens in Bonn?

BRÄUTIGAM: Ich saß fast die ganze Zeit in Bonn. Am Anfang, noch in meiner Ausbildungszeit, war ich bei der NATO-Vertretung in Paris. Danach war ich im Ministerbüro.

GYSI: Bei welchem Minister war das?

BRÄUTIGAM: Bei einem CDU-Minister, das wird Sie überraschen. Das war Gerhard Schröder, der zweite Außenminister der Bundesrepublik.

GYSI: Erst einmal zu der Vertretung in Paris. War das so eine Art Botschaft bei der NATO?

BRÄUTIGAM: Ja, man nannte sie Ständige Vertretung. Ich hatte es mit den Ständigen Vertretungen häufiger zu tun. Insgesamt dreimal.

GYSI: Das war praktisch die Verbindung der Regierung zur NATO?

BRÄUTIGAM: Das war die Vertretung der Bundesregierung bei der NATO, und der Botschafter war der Ständige Vertreter im NATO-Rat auf der Beamtenebene. In dem einen Jahr, in dem ich da war, sozusagen zur Ausbildung, man nannte uns Attachés, ereignete sich die Kuba-Krise. Und das war wohl in der gesamten Nachkriegszeit der Augenblick, wo Ost und West dem dritten Weltkrieg am nächsten waren. Wenn Sie mir erlauben, dass ich eine Anekdote erzähle?

GYSI: Na klar.

BRÄUTIGAM: Eines Tages rief mich der Botschafter und sagte: Sie müssen jetzt sofort nach Bonn fahren und einen Brief im Verteidigungsministerium abgeben. Der war versiegelt. Ich weiß bis heute nicht, was in dem Brief stand. Es wurde mir nur gesagt: den dürfen Sie wirklich nicht verlieren, den müssen Sie dem Verteidigungsminister persönlich geben. Ich sagte, das werde ich machen. Und dann stieg ich in einen Nachtzug. Es war ein ganz regulärer Zug, der fuhr von Paris nach Warschau. Ich habe mir nichts weiter dabei gedacht. Ich habe den Brief unter das Kopfkissen getan und wunderbar geschlafen. Den Brief hätte mir sicherlich jemand klauen können, ich hätte es nachts gar nicht bemerkt. Am Morgen, als ich wach wurde, habe ich, wie sich das gehört, im Speisewagen gefrühstückt. Dort bekam ich eine mir bis dahin nicht bekannte Marmelade, VEB-Marmelade war das. Plötzlich merkte ich, ich saß in einem Wagen der Deutschen Reichsbahn. Ich dachte sofort an meinen Brief – Staatsgeheimnis und so ...

GYSI: Da wussten Sie noch nicht, dass Sie auf dem Wege nach Warschau sind? Sie dachten immer noch, Sie seien auf dem Wege nach Bonn?

BRÄUTIGAM: Das war ich auch. Der Zug fuhr über Köln nach Ostberlin. Die Geschichte hat, wie soll ich das sagen, ein langweiliges Ende genommen. In Köln bin ich ausgestiegen, nach Bonn gefahren, habe den Brief abgeliefert. Der Verteidigungsminister hat mich nicht empfangen, was mich sehr geärgert hat, aber ich habe den Brief wenigstens seinem persönlichen Mitarbeiter übergeben, und weiß bis heute nicht, was darin stand. Aber damals war man dem dritten Weltkrieg ganz nahe.

GYSI: War das eine angespannte Atmosphäre auch in der Vertretung damals?

BRÄUTIGAM: Nicht nur in der Vertretung. Ich ging manchmal in den NATO-Rat mit, so in der dritten Reihe, und an einigen Diskussionen habe ich teilgenommen. Dabei bekam ich auch die Informationen über die sowjetischen Raketen, die auf dem Weg nach Kuba waren. Da war die Nervosität mit Händen zu greifen. Da hatten Leute regelrecht Angst. Die Bevölkerung übrigens weniger, da die sich nach meinem Eindruck der Gefahren nicht wirklich bewusst war. Aber auf einer politischen und einer diplomatischen Ebene war man sehr nervös, sehr nervös.

GYSI: Als Chruschtschow angeordnet hatte, die Raketen zurückzuziehen, gab es da eine echte Erleichterung?

BRÄUTIGAM: Ja, allerdings auch das Gefühl, das war ein Sieg. War es auch. Ich glaube, das ist der eigentliche Wendepunkt des Kalten Krieges gewesen und der Ursprung einer Entspannungspolitik, weil man dem Krieg ganz nahe gewesen war. Interessanterweise ließ die Spannung um Berlin nach. Sie war in der Kuba-Krise der gefährlichste Punkt aus der Sicht des Westens und man sagte, das wird man gar nicht verteidigen können, Berlin wird man möglicherweise verliere. Das kann man im Rückblick leichter erkennen, als es unmittelbar erkannt wurde. Die eigentliche Entspannungspolitik ließ noch einige Jahre auf sich warten, und die Spannungen in Berlin dauerten noch einige Jahre an, aber das Chruschtschowsche Konzept der sogenannten freien Stadt Berlin, sie sozusagen herauszulösen aus dem Geflecht des Westens, insbesondere der Bundesrepublik Deutschland, das war vom Tisch.

GYSI: Sie sind dann nach Bonn zurück gegangen, waren zwei Jahre bei Gerhard Schröder im Büro, im Außenministerium. War das eine Zeit, in der die Bundesrepublik viel Außenpolitik gemacht hat, oder war das ein bisschen wie bei uns in Ostberlin, wo die Außenpolitik in Moskau gemacht wurde und man diese im wesentlichen nur nachvollzogen hat?

BRÄUTIGAM: Die Bundesrepublik war nicht voll souverän, sie hatte große Rücksichten zu nehmen. In allen Entscheidungen, die das Ost-West-Verhältnis betrafen, war sie nicht frei. Aber es gab durchaus Entscheidungsspielräume, und damals gab es eine große Auseinandersetzung über die Orientierung der Bundesrepublik – hin zu einer gaullistischen national-europäischen Politik, konzentriert auf Europa, oder mehr hin zur NATO, also zu einer mehr amerikanistisch orientierten Politik. Schröder war ein Befürworter einer starken Integration in die NATO, in der die Bundesrepublik eine wichtige Rolle spielen sollte. Er war ein so genannter Atlantiker, während Adenauer in diesem Sinne ein Gaullist war. Diese Spannungen habe ich in meiner Bürozeit sehr genau miterlebt. Adenauer hat sich durchgesetzt und Schröder wurde in seiner Nachfolge nicht Kanzler, was er sonst sicherlich geworden wäre.

GYSI: Nun liest man heute, dass es in der damaligen Zeit auch Geheimkontakte zwischen der SED-Spitze und der Adenauer-Regierung gegeben hat. Haben Sie das in Ihrer damaligen Stellung mitbekommen oder entzog sich das Ihrer Kenntnis?

BRÄUTIGAM: In den Einzelheiten entzog sich das meiner Kenntnis. Aber einer meiner Aufträge war, den Außenminister aufmerksam zu machen auf außenpolitische Diskussionen außerhalb der Regierung. Ich habe ungefähr jede Woche ein Papier gemacht, so drei Seiten, und auf diese und jene Diskussion hingewiesen. Da spielte für mich die deutsche Frage plötzlich eine wichtige Rolle. Ich war an der Frage ohnehin seit meiner wissenschaftlichen Zeit interessiert. Damals habe ich den Außenminister aufmerksam gemacht auf die Frage: müssen wir nicht zu einem anderen Verhältnis kommen zu diesem anderen deutschen Staat? Das war eines der Themen, das ich dort herausgezogen habe. Er las das mit großer Aufmerksamkeit, und wir haben dann gelegentlich darüber gesprochen. Aber er war der festen Meinung, der Schlüssel zur deutschen Frage liegt in Moskau, die

DDR interessiert uns nicht. Das war schon damals nicht meine Meinung.

GYSI: Sie sind, soweit ich weiß, nie Mitglied einer Partei gewesen. Oder waren Sie in Ihrer Jugend mal sündhafter Weise in einer Partei?

BRÄUTIGAM: Nein, ich war nie in einer Partei.

GYSI: Wie kann man dann eine solche Karriere machen? War das als Parteiloser nicht schwierig, hätte Ihnen ein Parteibuch nicht manchmal geholfen in der einen oder anderen Situation? Oder war das gerade eine Chance?

BRÄUTIGAM: Nein, das war zunächst überhaupt keine Chance, es war eigentlich nie eine Chance. Es passte nicht in das System. Es ist geschmäcklerisch.

GYSI: Und wieso waren Sie nie in einer Partei? Inzwischen vermutet man bei Ihnen eine gewisse Nähe zur SPD, wenn Sie als Parteiloser einer SPD-Regierung angehören, aber in die SPD eingetreten sind Sie doch auch jetzt nicht?

BRÄUTIGAM: Jetzt wird es für mich schwierig. Ich glaube, das ist ein Stück Erbe. Was in Deutschland sehr verbreitet war und sicherlich auch meinen Vater sehr geprägt hat, auch meine Großväter, soweit ich sie kannte, ist doch: in der Politik macht man sich die Hände schmutzig. Das war ein Stück – sagen wir mal – »vordemokratisches Erbe« in meiner Familie. Ich fürchte, dass ich das ein bisschen mitbekommen und mir später dann immer gesagt habe: Du willst doch nicht von einer Partei abhängig sein, Du willst Dir doch dein unabhängiges Denken nicht verbieten lassen. Aber natürlich beruht das System auf Parteien. Außerhalb einer Partei hat man keine Wirksamkeit, und ich kann nur jedem abraten, so etwas zu machen. Das ist regelrecht falsch. Aber nun bin ich mal als Parteiloser in Brandenburg angetreten – ich wusste ja nicht, dass das so lange dauern würde. Ich habe gedacht, mal zwei oder drei Jahre, da musst Du nicht erst noch einer Partei beitreten. Und in gewisser Hinsicht stand mir keine sehr nahe, da habe ich gedacht, das kannst Du Dir doch schenken.

GYSI: Nach Ihrer Zeit im Büro von Gerhard Schröder blieben Sie aber im Auswärtigen Amt, Sie wechselten dort bloß die Abteilung?

BRÄUTIGAM: Ich ging dann drei Jahre nach London. Dort habe ich eine ganz normale Botschaftsarbeit gemacht. Das war meine wirkliche Lehrzeit, diplomatische Lehrzeit. Das war sehr schön, wenn auch im Rückblick nicht so furchtbar spannend. Ich habe nie jemanden getroffen, der je einen Bericht von mir gelesen hatte, obwohl ich jeden Tag einen geschrieben habe. Ich beschäftigte mich mit britischer Überseepolitik. Die Briten wickelten ihr Kolonialreich ab, ein sehr spannender Vorgang. In Bonn interessierte das überhaupt niemanden. Deswegen, meine sehr klugen Berichte hat nie jemand gelesen.

GYSI: Das ist natürlich tragisch. Was glauben Sie, wie schlimm es ist, wenn Sie als Anwalt sich Mühe geben, riesige Schriftsätze verfassen, und dann kommen Sie zum Gericht und stellen fest, niemand hat das gelesen.

BRÄUTIGAM: Das sind die Enttäuschungen des Berufslebens.

GYSI: Als Sie aus London zurückgekommen sind, welche Regierung war da an der Macht?

BRÄUTIGAM: Ja, da ging es los. Wenn ich damals nicht die Entscheidung getroffen hätte, die ich getroffen habe, wäre ich heute nicht hier. Da bin ich ganz sicher. Mich rief ein Freund an, der war im Deutschlandreferat des Auswärtigen Amtes, und der sagte mir, wir brauchen jemanden, der etwas vom völkerrechtlichen Problem in der deutschen Frage versteht – Berlin war ja eine hochkomplizierte Frage – und der auch ein gewisses politisches Interesse daran hat, hast Du Lust zu kommen? Das habe ich mir nicht lange überlegt und gesagt, natürlich habe ich Lust zu kommen, das mache ich sofort. Wenn ihr mir das anbietet, dann komme ich. Das war drei Monate nach dem Amtsantritt von Willy Brandt als Außenminister.

GYSI: Also unter der großen Koalition.

BRÄUTIGAM: Richtig. Und es war der Beginn der Initiative von Willy Brandt zu etwas, das später zu den Berlin-Verhandlungen führte, zum Berlin-Abkommen und übrigens auch, obwohl das damals ganz im Hintergrund blieb, zu einem neuen deutsch-deutschen Verhältnis. Als ich meinen Dienst antrat, war meine erste Aufgabe, eine Auswertung einer Außenministerkonferenz zu machen, auf der die deutsche Frage besprochen worden war und insbesondere die Berlin-Frage. Das war 1969. 1968 war ja eine richtige Zäsur in der Politik der Bundesrepublik, innenpolitisch, aber auch außenpolitisch. Und '68 wurde einigen deutschen Politikern, insbesondere Willy Brandt klar, dass etwas mit Berlin geschehen müsse, weil man das sonst nicht halten könne. Der direkte Druck war weg, aber die Menschen fingen an abzuwandern, wollten einen Bundespass haben, für alle Fälle. Man wusste nicht so genau: wenn irgend etwas passiert, war Berlin nicht sicher. Und '68 hatte eine tiefgehende Wirkung gehabt. An der Universität wanderten Wissenschaftler ab. Es gab große Spannungen in der Stadt, Gewaltausbrüche. Berlin wurde wirklich als ein ganz tiefgehendes Problem erkannt. Das war der eigentliche Grund für Willy Brandt zu sagen, hier muss irgend etwas geschehen, wir müssen das stabilisieren. Er war so intelligent, dass ihm klar war, da kann man das deutsch-deutsche Verhältnis, was man damals noch gar nicht so nannte, gar nicht ausklammern. Man kann das nicht nur auf der Ebene der Vier Mächte machen. Wir wollen da mitreden. Und wenn wir mitreden, wenn die Bundesrepublik mitredet, redet auch die DDR mit.

GYSI: Aus dem, was Sie über Willy Brandt und diese Zeit sagen, klingt heraus, dass Brandt ein Politiker war, für den Sie Respekt empfinden.

BRÄUTIGAM: Das ist richtig. Der hat sich damals gebildet. Ich bin ihm häufiger begegnet, und er war der Politiker, der mich in der Bundesrepublik am stärksten beeindruckt hat.

GYSI: Aber auch da sind Sie nie ins Schwanken gekommen, was eine Parteimitgliedschaft betraf?

BRÄUTIGAM: Ich habe etwas länger gebraucht, bis ich das erkannt habe. Wenn ich damals in die SPD eingetreten wäre, was ich nicht ernsthaft erwogen habe, dann wäre ich wahrscheinlich damals schon ins Kanzleramt gegangen. Und wahrscheinlich wären meine Wege dann auch andere geworden. Guillaume habe ich übrigens auch erst später kennengelernt, weil ich dann doch sehr viel mit dem Kanzleramt zu tun hatte, mit den Verhandlungen über Berlin-Abkommen und über deutsch-deutsche Verträge.

GYSI: Wobei man an Guillaume sieht, dass es gar nicht nötig gewesen wäre, die DDR-Regierung direkt zu beteiligen, sie war ohnehin beteiligt.

BRÄUTIGAM: Ich will nicht sagen, dass ich mit Guillaume noch eine Rechnung offen habe, aber er hat die Sekretärin, die damals für mich im Kanzleramt arbeitete, in eine ganz furchtbare Lage gebracht, was letztlich dazu führte, dass sie sich das Leben genommen hat. Das war schon existenziell, ich habe es erst Jahre später festgestellt. Und ich finde, wenn Politik mit Menschenleben spielt, dann ist die Grenze erreicht. Ich will das hier nicht vertiefen, da bin ich aber das erste Mal mit einer wirklich existenziellen Situation in Berührung gekommen. Das war nicht das, was Guillaume je gewollt hätte, damit kein falscher Eindruck entsteht, aber das waren nun mal die Folgen.

GYSI: Wenn das Auswärtige Amt ein Deutschlandreferat hatte unter Willy Brandt, es aber gleichzeitig das Ministerium für innerdeutsche Beziehungen gab und dann noch das Bundeskanzleramt, das ja auch Deutschlandpolitik trieb, wo war dann die Zuständigkeit hinsichtlich der deutsch-deutschen Beziehungen – oder damals noch Nicht-

Beziehungen – angesiedelt? War das schwer zu koordinieren, arbeiteten die auch gegeneinander?

BRÄUTIGAM: Bis zu einem gewissen Grade. Ich habe später die Aufgabe gehabt, dies alles zu koordinieren, und bilde mir heute noch ein, es geschafft zu haben. Aber das Auswärtige Amt war zuständig für alles, was die Alliierten betraf – so nannten wir sie, die Alliierten, nicht die Freunde, bei Ihnen nannte man sie Freunde.

GYSI: Aber damit meinten wir immer nur einen Alliierten.

BRÄUTIGAM: Aber wir hatten eben drei, was die Sache nicht leichter machte. Wir hatten drei Alliierte, die sehr stark in die deutsche Politik eingriffen, denn die hatten auch Rechte. Dafür war das Auswärtige Amt zuständig. Das Innerdeutsche Ministerium war dem Namen nach für die innerdeutschen Beziehungen zuständig, wurde aber als Gesprächspartner nicht akzeptiert, mit gewissen kleinen Ausnahmen, die aber keine Rolle gespielt haben. Und für die Richtlinien der innerdeutschen Politik war das Bundeskanzleramt zuständig. Es hat sich im Laufe der Zeit dahin entwickelt, dass tatsächlich die Politik im Bundeskanzleramt bestimmt wurde. Und da bin ich dann auch drei Jahre lang im Kanzleramt gewesen.

GYSI: Als Willy Brandt Bundeskanzler wurde, war das auch der Zeitpunkt, zu dem Sie ins Bundeskanzleramt wechselten, oder war das später?

BRÄUTIGAM: Das war später. Ich bin zweimal im Kanzleramt gewesen. Einmal ein Jahr, als wir auf die Errichtung der Ständigen Vertretung warten mussten, das dauerte nämlich ein ganzes Jahr, bis die Modalitäten ausgehandelt waren. Und dann kam erst einmal eine Eiszeit – das interessiert heute alles gar nicht mehr. Die Einrichtung der Ständigen Vertretung, die es erwartungsgemäß geben sollte, haben wir in dieser Zeit vorbereitet. Dafür war ich ein Jahr im Bundeskanzleramt. Das war zu Zeiten von Willy Brandt als Bundeskanzler. Später bin ich dann für drei Jahre zurückgegangen und habe dort eine Abteilung geleitet, die praktisch die Deutschlandpolitik koordiniert hat.

GYSI: Das heißt, Sie waren zunächst ein Jahr im Bundeskanzleramt unter Willy Brandt zur Vorbereitung der Aufnahme der Tätigkeit der Ständigen Vertretung der Bundesrepublik Deutschland bei der Deutschen Demokratischen Republik. So hieß das, nicht wahr?

BRÄUTIGAM: Dafür kriegen Sie eine Eins.

GYSI: Weil man Berlin nicht als Bestandteil der DDR rechnete – es ist mir schon klar, wie das »bei« zustande gekommen ist. Und dann sind Sie als Mitarbeiter, als Beamter in die Ständige Vertretung gegangen?

BRÄUTIGAM: Als Vertreter von Gaus, ich war sogar der erste. Ich fing im »Hotel unter den Linden« an, hatte da zwei Zimmer. Das eine Zimmer war das Schlafzimmer und das andere war das Büro. Wir hatten noch kein eigenes Gebäude.

GYSI: Ich komme auf die Zeit gleich noch zurück. Zunächst aber: Sie waren drei Jahre in der Ständigen Vertretung als Stellvertreter von Günter Gaus. Als Günter Gaus ging, sind Sie dann auch wieder zurück ins Bundeskanzleramt?

BRÄUTIGAM: Lange vor ihm. Gaus blieb über sechs Jahre, und ich ging nach dreieinhalb Jahren zurück nach Bonn und wurde Leiter einer Arbeitsgruppe im Bundeskanzleramt. Die hatte praktisch die Funktion einer Abteilung.

GYSI: Dann sind Sie nach Klaus Bölling Leiter der Ständigen Vertretung geworden?

BRÄUTIGAM: Zu meiner großen Überraschung.

GYSI: Und als Sie 1988 aufhörten, gingen Sie wohin?

BRÄUTIGAM: Nach New York.

GYSI: Nach New York zur UNO?

BRÄUTIGAM: Ja.

GYSI: Dort waren Sie dann auch 1989 während der Wende.

BRÄUTIGAM: Ja.

GYSI: Und da blieben Sie, bis Sie Minister in Brandenburg wurden.

BRÄUTIGAM: Ja.

GYSI: Das ist ein ziemliches Hin und Her zwischen dem Internationalen und dem Provinziellen.

BRÄUTIGAM: In den letzten Jahren war ich sehr frustriert in der DDR. Aber als provinziell habe ich meine Tätigkeit nie empfunden, jedenfalls nicht durchgängig.

GYSI: Ich meinte jetzt auch mehr Brandenburg, zumal die Fusion gescheitert ist.

BRÄUTIGAM: Brandenburg ist eine Provinz im guten Sinne.

GYSI: Diese ersten drei Jahre in der Ständigen Vertretung, waren Sie da das erste Mal in der DDR, oder sind Sie vorher schon öfter eingereist oder nur im Transit mal durchgehuscht?

BRÄUTIGAM: Nur ein einziges Mal, noch vor dem Bau der Mauer. Da war ich einmal eine Woche in Berlin, privat. Ich war mit meinem ersten Auto kreuz und quer durch die Stadt gefahren und habe das geteilte Berlin zum ersten Mal gesehen, nicht wirklich kennengelernt.

GYSI: Wenn Sie die drei Jahre in der DDR, in dieser Ständigen Vertretung unter der Leitung von Günter Gaus, Revue passieren lassen, verstehen Sie, wie Günter Gaus sich heute äußert?

BRÄUTIGAM: In einem tieferen Sinne, ja, vordergründig eher nicht.

GYSI: Wie war das Verhältnis von Gaus zur DDR, als er Leiter der Vertretung war? War er neugierig auf dieses Land oder hatte er feste Vorurteile? Hat er sich gewandelt in dieser Zeit? Hat er ein anderes Bild bekommen?

BRÄUTIGAM: Er hatte verhältnismäßig wenig Vorurteile, aber überhaupt kein gefestigtes Bild. Er hat sich wirklich mit offenen Augen, mit offenen Ohren im Lande bewegt. Sein DDR-Bild hat sich in diesen Jahren erst wirklich geformt, denke ich. Er hatte wohl – er würde mir heute sicherlich vehement widersprechen – das Gefühl, das ist der schwächere deutsche Staat, und man muss, weil er schwächer ist, auch etwas für ihn tun. Er hatte immer etwas Fürsorgliches. Und das hatte auch etwas damit zu tun, dass er nicht nur ein kritisches Verhältnis hatte zu dem Staat, den er vertrat, sondern sein Verhältnis war emotional sehr, sehr kritisch. Das war in einer tieferen Ebene. Nicht nur, dass er bestimmte Politiken kritisierte, das taten andere auch, sondern er hatte ein zutiefst kritisches Verhältnis zu seinem eigenen Staat, den er selbstverständlich bejaht. Er hat nie in Zweifel gezogen, dass er ein Bürger dieses Landes war. Die Bundesrepublik Deutschland war immer sein Staat. Er wollte weder emigrieren noch sonst etwas. Er hatte zeitweise auch erheblichen Einfluss als Spiegel-Chefredakteur. Aber sein DDR-Bild hatte immer etwas mit der Bundesrepublik zu tun, es war immer ein Gegenbild zur Bundesrepublik, auch ein wenig als solches geformt, es war nicht immer ganz stimmig.

GYSI: Das heißt, aus seiner Haltung zur Bundesrepublik erklärt sich ein Teil seiner Haltung zur DDR?

BRÄUTIGAM: Sogar sehr entscheidend. Ich glaube, das gilt bis heute.

GYSI: In den drei Jahren, in denen Sie in der Ständigen Vertretung, aber noch nicht deren Leiter waren, wie groß waren da Ihre Spielräume? Kann ich mir das so vorstellen wie die des Stellvertreters des Leiters der Ständigen Vertretung der DDR in der BRD, oder muss ich davon ausgehen, dass Ihre Spielräume wesentlich weiter waren? War das nur in der Form lockerer, aber letztlich im Inhalt genauso vorgegeben, was Sie machen konnten? Waren wir nur die Verkrampfteren, oder war es tatsächlich so, dass Sie viel mehr Entscheidungsspielräume hatten?

BRÄUTIGAM: Wir hatten in Wahrheit mehr Entscheidungsmöglichkeiten, als erwartet, weil wir immerzu mit Situationen konfrontiert wurden, auf die wir gar nicht vorbereitet waren. Ich hatte ein sehr enges, im Laufe der Jahre auch sehr freundschaftliches Verhältnis zu Günter Gaus. Wir haben über alles gesprochen, teilweise ganz kritisch, fanden manche Teile der Politik der Bundesregierung gar nicht der Sache gemäß. Wir haben uns also oft zusammen »freigesprochen«. Wir gingen manchmal auf den Französischen Friedhof. Einmal saß da Biermann, der wohnte uns gegenüber in der Chausseestraße. Das war noch, bevor seine Schwierigkeiten kulminierten. Wir kamen da also, weil wir reden wollten und dachten, das machen wir lieber draußen. Biermann strahlte über das ganze Gesicht, als er uns erkannte und sagte: »Der Klassenfeind.« Er hatte auch Witz.

GYSI: Zweifellos.

BRÄUTIGAM: Also, wir haben sehr eng miteinander zusammen gearbeitet, waren in manchen Punkten ganz unterschiedlicher Auffassung, was dem Verhältnis eher gut getan hat.

GYSI: Sie kamen sicherlich auch mit Vorurteilen. Haben die sich bestätigt? Oder sind Sie nach den drei Jahren zunächst zurück gegangen und haben gesagt, die DDR ist anders, als ich dachte? Sie hatten doch die Zweigleisigkeit, d.h. Sie hatten die offiziellen Kontakte, aber auch private Kontakte zu Intellektuellen, zu Oppositionellen. Sie hatten ganz unterschiedliche Arten von Informationen. Wird man da neutralistisch? Sagt man, die einen sagen mir nicht die Wahrheit, die anderen aber auch nicht? Fühlt man sich in eine bestimmte Richtung hingezogen oder kommt man einfach durcheinander?

BRÄUTIGAM: Mein DDR-Bild hat sich gebildet und verändert. Ich bin natürlich mit einem bestimmten Korb an Vorurteilen gekommen, mit Vorurteilen und Vorstellungen.

Ich habe sie überprüft, denke ich. Ich erinnere mich an die Diskussion um die Friedensfrage, um die Raketenfrage. Da formierte sich etwas, was noch keine wirkliche Gestalt hatte, was mehr ein Nischendasein führte. Es gab Zirkel, von dem einen oder anderen erfuhr man. Ich wurde gelegentlich in solche Zirkel eingeladen, merkte es dann, dass das ein politischer Gesprächskreis war. In zwei, drei oder vier solcher Zirkel bin ich eingeladen worden, ohne genau zu wissen, um was es sich handelte. Mir war schon klar, dass es eine gewisse Gratwanderung in meiner offiziellen Funktion war, solche Einladungen anzunehmen. Es waren Gruppen, die später hervortraten, Ende der 80er Jahre. Das habe ich natürlich damals nicht wissen können. Aber sie waren nicht formiert, und man konnte nicht erkennen, wohin das ging. Es war mir klar, sie wollten eine andere DDR, aber sie hatten nicht die Illusion, dass das eine westlich-parlamentarische Demokratie werden würde. Sie wollten eine andere DDR, ohne dass sie auf einen Punkt bringen konnten, wie diese aussehen könnte. Man hatte ja nicht die Vorstellung, dass man mit vierhunderttausend sowjetischen Soldaten im Lande das System würde ändern können. Was würde man überhaupt ändern können? Wie würde man dem System, wie es verfasst war, eine andere, menschliche, eine humanere Qualität geben können? Das war eine Suche nach mehr Freiräumen. Ein Teil dieser Leute waren sehr loyale DDR-Bürger. Das habe ich auch so wahrgenommen. Ein Mann wie Heino Falcke in Erfurt – ich weiß nicht, ob Sie ihn damals wahrgenommen haben – hatte mich eingeladen zu einem Gesprächskreis. Der hat mich ganz bewusst eingeladen, um mir etwas zu vermitteln, einen Eindruck, von dem er annahm, dass ich ihn sonst nicht bekommen würde.

GYSI: Das heißt, bei jemandem wie Herrn Falcke hat es Sie später auch nicht gewundert, dass er zu den Erstunterzeichnern der Erfurter Erklärung zählte?

BRÄUTIGAM: Sie meinen die Erfurter Erklärung vor einigen Jahren?

GYSI: Ja, in der auch ein gewisses Zusammengehen mit der PDS befürwortet wurde.

BRÄUTIGAM: Das kann ich nicht unbedingt aus meiner früheren Erfahrung sagen, aber ich kannte und kenne ihn sehr gut, auch heute noch. Ich habe weiter Verbindung mit ihm, habe ihm gerade einen Brief geschrieben, als er 70 Jahre alt geworden ist. Er war jemand, der eine etwas klarere Vorstellung hatte von dem, was man wollte, ohne zu wissen, wie man dieses Ziel erreicht.

GYSI: Wie war das mit den Politikern der DDR? Da wird es auch welche gegeben haben, denen Sie nie begegnet sind. Ich vermute mal, dass Sie Erich Mielke nicht begegnet sind, oder täusche ich mich?

BRÄUTIGAM: Sie täuschen sich. Ich bin ihm einmal begegnet. Das war bei einer dieser Diplomatenjagden, die ich nicht mochte, die aber sehr interessant waren. Da erschien das ganze Politbüro. Das war die einzige Möglichkeit, bei der man mit den Politbüro-Mitgliedern quasi in ein persönliches Gespräch kommen konnte. Die Jagd dauerte einen ganzen Tag, es gab ein gemeinsames Frühstück und ein Abendessen, und da habe ich mir gesagt, also werde ich Jäger. Ich war vorher nie Jäger und hinterher nie wieder Jäger und werde es bestimmt in meinem Leben nicht mehr werden, aber ich ging eben da hin.

GYSI: Haben Sie Hasen geschossen, ja?

BRÄUTIGAM: Mit Verlaub, ich habe schießen lassen, weil mir die DDR in richtiger Erkenntnis meiner Fähigkeiten einen Jäger, einen echten Jäger mitgegeben hatte, und dem habe ich gesagt: »Sie schießen, nicht ich, ich kann das nämlich nicht.«

GYSI: Aber es muss schon ein unheimliches Vertrauen gewesen sein, einem Westdeutschen ein Gewehr in die Hand zu geben, wenn unser ganzes Politbüro da herumsteht.

BRÄUTIGAM: Ich war wohl vertrauenswürdig. Zurück zu Mielke. Ich ging also abends völlig harmlos zu dem Abendessen, ganz informell und ohne Schlips. Da saßen diese hochtönenden Botschafter ohne Tischordnung. Plötzlich kam an meinen Tisch, an dem noch der englische Botschafter saß, Mielke. Ich dachte, das ist ja ein starkes Stück. Das hätte er sich doch denken können, dass das für mich ein Problem ist, Guillaume usw., man denke nur.

GYSI: Das war alles schon gewesen, klar.

BRÄUTIGAM: Das war alles schon gewesen. Und was soll ich machen? Es gab verschiedene Möglichkeiten. Entweder ich stehe auf und gehe an einen anderen Tisch – lag mir nicht. Mein englischer Kollege stellte das Gespräch ein, der sprach nicht mehr. Da muss man gute Nerven haben, wenn man das durchhält – lag mir auch nicht. Dann habe ich ein Gespräch mit ihm angefangen, und zwar mit dem spanischen Bürgerkrieg begonnen. Ich sagte: »Herr Mielke, wie sind Sie eigentlich damals nach Spanien gekommen und auf welchem Weg?« Da war er baff, dass ich ein solches Gespräch anfing. Er dachte wohl, wo führt das hin? Nach fünf Minuten war er weg. Das lag ihm nun wieder nicht, ein Gespräch über seine Biographie zu führen, und dass dieser arrogante westdeutsche Vertreter anfing, ihn danach zu befragen.

GYSI: Hat er auch etwas gefragt?

BRÄUTIGAM: Nee, er hat mich angeguckt, als wolle er fragen, was fällt Ihnen eigentlich ein? Schließlich stand er auf und ging. Das war die erste und letzte Begegnung, die ich mit ihm hatte.

GYSI: Mit Honecker hatten Sie wahrscheinlich eine Menge Gespräche. Ich bin ihm ja nie begegnet.

BRÄUTIGAM: Honecker?

GYSI: Nein, nie. Ich bin nicht mein Vater, da gibt es einen gewissen Unterschied. Ich bin vor Juli 1989 überhaupt nie einem Kandidaten oder Mitglied des Politbüros begegnet.

BRÄUTIGAM: War ja auch nicht so einfach.

GYSI: Das erste Mitglied, dass ich erlebt habe, war Egon Krenz, und zwar im Juli 89, der mich zu einem Gespräch bestellt hatte, wegen einer dpa-Meldung über Wahlfälschung und weil ich beantragt hätte, Wahlunterlagen einzusehen.

BRÄUTIGAM: Da hätten Sie häufiger in die Ständige Vertretung kommen müssen, da konnten Sie nämlich einige von ihnen kennen lernen.

GYSI: Das ist sowieso eine Frage, die ich immer mal privat stellen wollte. Ich wurde jahrelang nicht eingeladen, plötzlich wurde ich ständig eingeladen zu Empfängen in die Ständige Vertretung. Wie kommt so etwas zustande, wie kommt ein Name plötzlich auf die Liste?

BRÄUTIGAM: Naja, irgendjemand ist auf die Idee gekommen, Sie auf die Liste zu setzen. Wahrscheinlich war ich das.

GYSI: Okay, das ist eine Erklärung. Das war, nachdem Sie Leiter der Ständigen Vertretung geworden waren, bei Bölling war es noch nicht und bei Gaus auch nicht.

BRÄUTIGAM: Wahrscheinlich haben die beiden anderen gesagt, wir kennen den Vater gut und das reicht.

GYSI: Der eine reicht. Den Witz kenne ich aus Rom, wo mein Vater Botschafter war und ich mich jetzt beschwert habe, dass ich in der Zeit, in der er dort Botschafter war, nie nach Italien reisen durfte, worauf mir eine italienische Journalistin sagte, also ein Gysi in Rom hat uns gereicht.

Zurück zu Honecker. Wie haben Sie ihn im Gespräch empfunden? Seine Reden konnte man ja schlecht hören. Eie war das im Gespräch? War er da offen, war er zugänglich? Es gab in der damaligen Zeit Befürchtungen der Sowjetunion, die DDR würde eine zu eigenständige Politik im Verhältnis zur Bundesrepublik betreiben. Ich habe mal ein Protokoll gelesen, in dem Honecker Maß genommen wurde. Übrigens noch von Gorbatschow, allerdings war Gorbatschow noch nicht Generalsekretär, aber im Politbüro. Die eigenmächtige Planung eines Besuches in der Bundesrepublik, das ging ziemlich hoch her. Das müssen Sie doch alles ziemlich hautnah miterlebt haben. Was war das bei Honecker? War das ein nationales oder ein Friedensmoment? Oder ging es ihm um die eigene Bedeutung? Was führte dazu, dass die DDR plötzlich anfing, eine eigenständige Deutschlandpolitik zu machen? Was führte dazu, nicht mehr alles mit Moskau abzustimmen – oder ist mein Eindruck völlig falsch, gab es das nicht?

BRÄUTIGAM: In Grenzen.

GYSI: In Grenzen, klar, nicht bei Grundfragen.

BRÄUTIGAM: In bestimmten Grenzen, z.B. bei der gesamten Berlin-Problematik – das war die Achillesferse für beide Seiten – hatte die DDR nicht den geringsten Spielraum. Wir auch nicht.

GYSI: Aber zu Honecker.

BRÄUTIGAM: Ich habe ihn einmal am Werbellinsee erlebt, bei dem Treffen mit Helmut Schmidt. Am ersten Abend passierte etwas sehr Merkwürdiges. Da hat er nicht eine Rede gehalten, sondern zwei. Die erste Rede war die vorbereitete, die stand am nächsten Tag im »Neuen Deutschland«. Da sagte er das, was man von ihm erwartete. Das folgende Gespräch zwischen Honecker und Helmut Schmidt war eher mühsam, die beiden hatten keinen rechten Zugang zueinander, von beiden Seiten nicht, die waren viel zu verschieden. Anders das Gespräch mit Egon Franke, dem innerdeutschen Minister, der auch an diesem Tisch saß. Franke war ein paar Jahre im KZ gewesen, dann in einem Strafbataillon, eine bemerkenswerte Persönlichkeit, mit der die DDR wegen seines Amtes nie hatte reden können. Und plötzlich hielt Honecker eine zweite Rede, frei. Und die war spontan und hatte so einen sentimentalen Hauch, als er plötzlich merkte, da sitzt jemand, mit einer Biographie – Franke war ganz alter Sozialdemokrat, ein nationaler Sozialdemokrat – der er sich ein Stück näher fühlen konnte. Ich habe später die Erfahrung gemacht, dass er im persönlichen Gespräch anders war, möglichst in einem kleinen Kreis – er zog eigentlich immer nur ein oder zwei Leute hinzu, einen aus dem Außenministerium und einen aus seinem eigenen Büro, wenn westdeutsche Besucher kamen, und die kamen ja in großer Zahl, Ministerpräsidenten, Minister usw. Er führte diese Gespräche immer selbst und es war immer das selbe Muster. Zunächst gab er eine Erklärung ab, die musste er los werden, die war vorformuliert. Und dann wurde es interessant. Er war immer sehr gut vorbereitet, meistens besser als seine Besucher. Die deutsch-deutschen Probleme kannte er genau. Man spürte, dass sie ihm wichtig waren, und er wurde dann sehr differenziert, was man ihm so gar nicht zutraute, jedenfalls im Westen nicht. Er machte dann manchmal so knappe Bemerkungen wie »Wir nehmen uns der Sache an«. Das war für seine Umgebung schon der Auftrag. Er war dann völlig unideologisch und es war trotzdem nicht der reine Pragmatismus. Da stimmte die Formel »deutsch-deutsch«, obwohl ich nie einen nationalistischen Satz von ihm gehört habe. Es war immer außer Zweifel: in erster Linie war er Kommunist. Das war so und ist immer so gewesen. Dem Glaube, mit dem er groß geworden war, blieb er bis zu seinem Lebensende treu. Und in zweiter Linie war er Kommunist, und in dritter Linie war er Kommunist. Und in vierter Linie war er Saarländer, und in fünfter Linie war er Deutscher. Seine Biographie war durch die deutsche Geschichte geprägt. Einer seiner politischen Ziehväter war Herbert Wehner, und der war wahrlich ein nationaler Kommunist und später ein nationaler Sozialdemokrat. Erst im Verlaufe eines Gespräches wurde die Dimension seines politischen Charakters deutlich. Jemand, der das beobachtete, konnte es erkennen.

GYSI: Ich hatte an Honecker logischerweise eine Menge Kritik, als wir die PDS aus der SED heraus gegründet haben. Da wir uns nie persönlich begegnet sind, habe ich aus seinen Moabiter Schriften und anderen Dokumenten herausgelesen, dass er mir gegenüber schon so etwas Ähnliches wie Hass spürte. Aus seiner Sicht war ich jemand, der sein Werk zerstört hat. Es hat mich aber nie dazu verleitet, ihn mit gleichen Maßstäben zu sehen. Als er in Moabit in Untersuchungshaft saß, hatte ich ein zutiefst ungutes Gefühl – es war für mich die falsche Antwort in der Entwicklung der deutsch-deutschen Geschichte und der Vereinigung. Ohne das jetzt juristisch und politisch erörtern zu wollen, ohne etwas über die Grenze beschönigen zu wollen, die natürlich schlimm war: Hatten Sie auch ein ungutes Gefühl oder war es eher ein Gefühl der Befriedigung, nach dem Motto: Endlich?

BRÄUTIGAM: Es war überhaupt kein Gefühl der Befriedigung. Als Justizminister, davon kann ich nicht so ganz absehen bei dieser Frage, sehe ich darin eine gewisse Zwangsläufigkeit und natürlich auch eine sehr deutsche Neigung. Wenn die Geschichte anders gelaufen wäre, wäre das auf der östlichen Seite wahrscheinlich ähnlich gehandhabt worden. Eine sehr deutsche Neigung, das zutiefst politische Problem einer tiefgehenden, ideologischen Teilung auf den juristischen Nenner zu bringen. Übrigens hat man das nach dem Dreißigjährigen Krieg anders gemacht. Da wurde in den Westfälischen Frieden eine Amnestie-Klausel geschrieben – in das Friedensdokument selbst, was im Mittelalter üblich war. Man brauchte das, wenn man wirklich zu einem Frieden kommen wollte. Damit plädiere ich jetzt nicht auf Amnestie, schon gar nicht in Bezug auf Honecker. Ich sehe eher eine Zwangsläufigkeit darin. Man weiß ja, wie das ausgegangen ist, und in diesem Ausgang lag ebenso eine Tragik, wie eine tiefere Gerechtigkeit. Er emigrierte.

GYSI: Ich habe aus Zitaten entnommen, dass Sie zu damaliger Zeit auch Hans Modrow kennen und auch schätzen gelernt haben.

BRÄUTIGAM: Ich habe Modrow 1983 kennengelernt – könnte auch '84 gewesen sein, aber eher '83. Er war einer der wenigen Bezirkssekretäre, die nicht nur bereit waren, mit mir zu reden – das waren andere auch – sondern der nicht auf eine Abstimmung mit dem Außenministerium Wert legte. Das war einer, bei dem ich mich persönlich angemeldet habe, der einzige, bei dem so etwas funktionierte. Alle anderen sagten: Dienstweg, bitte schön MfAA. Und die Leute dort blockten das dann in der Regel ab. Ich habe mit Modrow auch alleine reden können, oder nur in Anwesenheit von jemand, bei dem deutlich war, dass es sich um einen engen persönlichen Mitarbeiter handelte. Die Gespräche mit Modrow waren anders als die Gespräche mit den anderen Bezirkssekretären, wo es auch Unterschiede gab, die ich zum Teil nur ahnte. Modrow war ein Stück offener und viel nuancierter. Er interessierte sich, zumindest ab Mitte der 80er Jahre, für die neue sowjetische Politik. Ich habe damals einen Privatbesuch von Weizsäcker vorbereitet, bevor er sein Amt als Bundespräsident antrat, er war schon gewählt. Wenn ich mich richtig erinnere, war er durch meine Vermittlung auch bei Modrow. Das war alles sehr heikel, für beide Beteiligten. Jedenfalls für einen Diplomaten wie mich war das heikel. Heute lachen die Leute, wenn man sagt, das war heikel, aber damals war das alles andere als selbstverständlich. Dieser Kontakt hat bis zum Ende der DDR gedauert. Ich habe mich auch bei Modrow persönlich verabschiedet, als ich gegangen bin, und diese Beziehung ist intakt geblieben.

GYSI: Ist es richtig, dass Sie den Eindruck gewinnen mussten, dass die SED-Führung und das Außenministerium der DDR ihre Gespräche mit Modrow gar nicht so gerne sahen?

BRÄUTIGAM: Das ist mir durch die Abläufe völlig klar geworden. Wenn ich ein Gespräch anmeldete und sagte, ich will nach Dresden fahren und den Vorsitzenden des Rates des Bezirkes und den Parteisekretär – ich sagte immer: den Bezirkssekretär – sprechen, das machten Botschafter normalerweise nicht, das störte die schon sehr. Ich kam also mit einer langen Liste von Gesprächspartnern, die ich gerne treffen wollte. Und dann dauerte das drei Monate, dann hatten die das erst einmal vergessen. Dann habe ich mir erlaubt, daran zu erinnern. Manchmal klappte es und manchmal klappte es nicht. Da merkte ich natürlich sofort, wer nicht so genehm war als Gesprächspartner.

GYSI: Und einer davon war Modrow?

BRÄUTIGAM: Ja. Er gehörte für mich zu den etwas interessanteren Gesprächspartnern.

GYSI: Haben Sie gespürt, dass die Sowjetunion Bedenken hatte gegen zu enge deutsch-deutsche Beziehungen, oder ist das bis zu Ihnen nicht vorgedrungen?

BRÄUTIGAM: Oh, das war ein Leitmotiv unserer Arbeit. Nicht, weil wir glaubten, das wirklich nutzen zu können. Das habe ich nie angenommen. Meine erste und wirklich nutzbringende Lehre aus diesem schwierigen Verhältnis war, es kommt immer auf den Zeitpunkt an. Zu manchen Zeitpunkten ging gar nichts. Wir konnten das nicht unbedingt erkennen, woran es lag, aber wir merkten, es geht nichts. Verhandlungen gingen nicht weiter, da fehlte die Auflassung aus Moskau oder man mußte besondere Rücksicht nehmen, und so habe ich daraus eine Lehre gezogen, dass es in diesem schwierigen Verhältnis fast immer auf den Zeitpunkt ankam. Wenn man den richtigen Zeitpunkt erwischte, konnte man plötzlich und meistens sehr schnell eine ganze Menge erreichen.

GYSI: Haben Sie Kontakt zum sowjetischen Botschafter in der DDR gehalten, war der wichtig?

BRÄUTIGAM: Aber natürlich, wofür halten Sie mich? So ein Anfänger war ich nicht. Natürlich bin ich regelmäßig zu Abrassimow gegangen. Abrassimow war nebenher auch Schriftsteller und zwar sehr rege. Er betrachtete mich als einen Jüngeren, nicht gerade als Kollegen, aber er wusste, dass ich mit den Berlin-Verhandlungen befasst war, bei denen er Verhandlungsführer war. Zu Abrassimow hatte ich ein Verhältnis, das voller Widersprüche war. Er war so etwas wie ein Vizekönig und hatte einen gewichtigen Einfluss, war natürlich im Politbüro, bei einigen mindestens, verhasst, bei anderen ein willkommenes Gegengewicht. Also, mit Abrassimow war über diese Frage nicht zu reden, aber mit seinem Vertreter. Einer hieß Gromyko junior, mit dem war darüber zu reden. Auch mit seinen Nachfolgern konnte ich reden. Ich hatte mal einen furchtbaren Ärger, und mein Gesprächspartner hatte noch viel größeren Ärger, weil das Bundeskanzleramt, schon in der Kohl-Zeit, einen Bericht von mir über ein Gespräch mit dem sowjetischen Gesandten über diese Probleme an die Presse gegeben hatte – mit Adresse und Hausnummer. Und da stand drin, was der mir über das SED-Politbüro gesagt hatte. Da ging der natürlich an die Decke – und ich auch. Ich hatte keine Ahnung, dass das indiskretioniert werden würde. Ich habe mich natürlich bei ihm entschuldigt und ihm gesagt, ich hätte leider Gottes mein Hinterland auch nicht unter Kontrolle, und es täte mir richtig leid. Aber es war nun passiert, und es hätte ihn fast den Posten gekostet. Die Führung der DDR gegenüber einem westdeutschen Diplomaten zu kritisieren, das war nun wirklich das allerletzte, was verziehen wurde. Den Namen will ich deswegen auch nicht nennen.

GYSI: Zu meinem Vater hatten Sie auch einen relativ engen Kontakt. Welche Rolle spielte er in den deutsch-deutschen Beziehungen?

BRÄUTIGAM: Er spielte interessanterweise eine Rolle, die sich aus seiner Funktion auf den ersten Blick überhaupt nicht ableiten ließ. Er war ja Staatssekretär für Kirchenfragen und es gab sehr enge Kirchenkontakte zwischen den beiden deutschen Teilen, auf den verschiedensten Ebenen, ein richtiges Geflecht von Beziehungen, teilweise auf einer sehr, sehr großen Vertrauensgrundlage. Das brachte es mit sich, dass viele führende und auch weniger führende Kirchenleute aus der Bundesrepublik die DDR besuchten. Die kamen dann gelegentlich zu mir. Ich nahm sie mit zum zuständigen Mann im Ministerrat, dem Staatssekretär für Kirchenfragen, weil ich daran interessiert war, auch mit ihm zu reden, weil ich sonst keine rechten Anknüpfungspunkte zu ihm hatte. Daraus hat sich ein Kontakt entwickelt, der letzten Endes nicht mehr der Anlässe bedurfte, die am Anfang notwendig waren. Wenn ich irgendwelchen Ärger hatte, ging ich zum Staatssekretär Gysi ins Büro. Zwei Dinge fielen mir auf. Er war das einzige Mitglied des Ministerrates – er hatte ja keinen Minister über sich – der frei redete, nicht immer, aber bemerkenswert oft. Seine Reden waren nicht vorbereitet, also auch nicht abgestimmt, das war offenkundig spontan. Das habe ich fast nie wieder erlebt. Und das zweite war – es passte in das Bild – er empfing mich allein. Ein Minister, der mich alleine empfing, fiel mir immer auf. Er nahm sich Freiheiten, die andere nicht hatten oder sich nicht nahmen, und mit dem man deshalb ein Stück offener, freier, direkter reden konnte. Und er hatte eine, glaube ich jedenfalls, intimere Kenntnis der Bundesrepublik. Die konnte er wohl nicht aus der Odenwaldschule gehabt haben, einer links-liberalen Schule, die ich sehr gut kenne. Irgendwann hat er mir mal erzählt, dass er dort zur Schule gegangen ist, das muss in den 20er Jahren gewesen sein.

GYSI: Ich war inzwischen auch mal dort, da haben sie mir sein Zimmer gezeigt.

BRÄUTIGAM: Das ist eine sehr gute Schule, kann ich Ihnen sagen. Ich hätte Ihnen ja auch gewünscht, dass Sie in diese Schule gegangen wären.

GYSI: Mein Vater hat aber 1949 entschieden, von Westberlin nach Ostberlin umzuziehen. Was wäre wohl aus mir geworden, wenn er nicht umgezogen wäre? Aber ich war damals ein Jahr alt und wurde nur unzureichend gefragt.

BRÄUTIGAM: Jedenfalls wären Sie etwas anderes, als Sie heute sind.

GYSI: Das ist wahrscheinlich. Aber wer weiß, wer weiß. Wir sind ja in der PDS zu Wessis tolerant, insofern hätte ich vielleicht eine Chance.

BRÄUTIGAM: Tolerant ja, aber mein lieber Herr Gysi, die Ostprägung wird man nicht los, und die Westprägung auch nicht.

GYSI: Das ist klar. Aber darf ich das so verstehen, dass Sie meinen Vater in gewisser Weise geschätzt haben? Ich meine, es ist sicherlich schwer, dem Sohn etwas anderes zu sagen. Sie können auch die Aussage verweigern.

BRÄUTIGAM: Nein, nein. Ich gehe einen Schritt weiter und sage, er gehörte zu den wenigen Funktionären, mit denen ich ein freundschaftliches Verhältnis hatte. Das habe ich so empfunden und ich glaube, er hat das ebenso empfunden. Das hat auch die Wende überdauert, ist nicht zu Bruch gegangen. Es gab nur wenige, mit denen man eine gewisse Vertrautheit erreichte. Das hat mich übrigens veranlasst, als ich mich verabschiedet habe – das hat manche Leute, glaube ich, sehr verwundert und ich nehme mal an, einige hat es sehr irritiert – zu sagen, man kann ja auch als westdeutscher Diplomat mit deutschen Kommunisten befreundet sein. Das war für einige nicht vorstellbar.

GYSI: Das wäre in Frankreich oder Italien niemand aufgefallen, aber in Deutschland ...

BRÄUTIGAM: ... fiel das auf. Klaus Gysi war einer von denen, an die ich dabei dachte. Es gab noch ein paar andere, aber nicht viele.

GYSI: Als Sie 1988 gegangen sind, wenn Ihnen da jemand gesagt hätte, am 3. Oktober 1990 ist der Beitritt der Deutschen Demokratischen Republik zum Geltungsbereich des Grundgesetzes der Bundesrepublik Deutschland nach Artikel 23 des Grundgesetzes vollzogen, was hätten Sie ihm geantwortet?

BRÄUTIGAM: Ich hätte gesagt: Mit Verlaub, das ist doch Unsinn.

GYSI: Das heißt, Sie haben ein Ende der DDR nicht gesehen, als Sie 1988 gegangen sind?

BRÄUTIGAM: Nein.

GYSI: Ich nehme an, Sie sind von Stolpe gebeten worden, in die Landesregierung zu gehen. Sie haben die DDR erlebt in ihren Widersprüchen, Sie waren über vieles enttäuscht. Sie haben andererseits Vorurteile abgebaut, die DDR sehr viel differenzierter wahrgenommen. Sie hatten gehofft, es gibt einen größeren Teil kritischer SED- und Staatsfunktionäre, die doch mehr im Sinne von Gorbatschow durchsetzen und Widerstand leisten würden. Das hatten viele bei uns auch gehofft. Jetzt kam die Vereinigung, und Sie haben mal gesagt, das war für Sie eine Selbstverständlichkeit, irgendwie beim Aufbau mitzuhelfen. Sie hatten eine Kenntnis von der DDR und als Westdeutscher auch eine andere Akzeptanz in Brandenburg als Leute, die das erste Mal in diese Region kamen.

BRÄUTIGAM: Das können andere vielleicht besser beurteilen als ich. Ich kannte Stolpe seit 1974. Er suchte für das Amt des Justizministers jemanden, der Jurist war, der nicht aus der DDR kam, aber ein gewisses Einfühlungsvermögen hatte. Das war wohl der Grund, warum er auf mich gekommen ist. Er hat mir das nie erklärt, ich habe ihn auch nie danach gefragt. Für mich war das eine Überraschung, ich habe mir das wahrlich nicht vorstellen können. Ich war ja parteilos und hatte nicht die Vorstellung, Politiker zu werden. Aber ich hatte eine klare Antwort, für mich und nur mir gegenüber und auch meiner Frau gegenüber, die zunächst etwas überrascht war, nämlich: Ich hatte 20 Jahre mit der deutschen Teilung zu tun gehabt. Ich habe mir immer vorgestellt und auch gewünscht, dass wir eines Tages, in welcher Form auch immer, die Teilung überwinden. Nun war sie da, und jetzt sollte ich plötzlich damit gar nichts mehr zu tun haben? So war es für mich schlechterdings nicht möglich, dieses Angebot abzulehnen. Obwohl, Justizminister, das war nicht unbedingt mein Lebenswunsch.

GYSI: Ja, das merkt man. Ab und zu kommen Ihnen die Untersuchungshäftlinge aus der Vollzugsanstalt abhanden.

BRÄUTIGAM: Das ist leider wahr.

GYSI: Und dann häuft sich das ja auch in gewisser Hinsicht. Ich habe gehört, der eine hatte den Wunsch geäußert, sonntags zu anderer Zeit zu frühstücken. Das war dann eine begünstigende Bedingung dafür, dass er gleich ganz gegangen ist, wenn ich das richtig verstanden habe. Wie geht man mit solchen Situationen um? Man ist für etwas verantwortlich, wovon man am Tag zuvor noch nicht einmal etwas wusste, muss dafür Rechenschaft ablegen. Sagt man sich dann, die können mich alle mal, was habe ich eigentlich damit zu tun, wann der frühstückt, oder akzeptiert man, dass man dafür verantwortlich ist?

BRÄUTIGAM: Also, das Thema kommt mir so leicht doch nicht über die Lippen, wie Ihnen.

GYSI: Ich bin froh, wenn ich mal für etwas nicht verantwortlich bin, so dass ich das richtig genieße.

BRÄUTIGAM: So etwas darf natürlich nicht passieren, es passiert aber. Das nennt man, glaube ich, bei Ihnen Dialektik. Man muss also mit einem gewissen Risiko leben. Aber ein Justizminister kann nicht überall herumlaufen und sagen, liebe Leute, ihr müsst mit dem Risiko leben, da bricht gelegentlich jemand aus. Dann wird man ihm sagen, dann machen Sie bitte etwas anderes. Das sagen ja auch einige. Man muss also wirklich alles tun, und das meine ich jetzt ganz ernsthaft, um dieses Risiko so gering wie möglich zu halten. Insofern bin ich bei diesem Thema nicht zum Scherzen aufgelegt. Wenn ich zum Scherzen aufgelegt wäre, würde ich sagen: Sie kennen doch meine große Freiheitsliebe für andere Menschen. Aber so ist es nun nicht. Die Leute, die da ausgebrochen sind, die gehören nicht in Freiheit. Das ist ganz unzweifelhaft. Mit dem Risiko muss ein Justizminister leben, das weiß der auch. Er muss diese Bürde tragen, das tue ich und murre nicht. Aber man kann nicht immer – wie soll ich das sagen – dieses Amt mit voller Leidenschaft erfüllen.

GYSI: Wenn Sie heute rekapitulieren und sich die deutsche Einheit ansehen, und Sie sollten mir zwei Dinge nennen, von denen Sie meinen, dass sie besonders gut gelungen sind, und zwei Dinge, von denen Sie meinen, dass man sie hätte ganz anders machen müssen, was würde Ihnen da sofort einfallen?

BRÄUTIGAM: Ich fange mit einem Punkt an, der besonders gut gelungen ist. Das wichtigste ist für mich, dass viele junge Leute, die vielleicht bei der Wende noch Jugendliche waren, diesen Übergang mit einer Leichtigkeit geschafft haben, zu der wir beide nicht fähig wären in dieser Situation. Viele, nicht alle. Das ist mir auch persönlich eine große Freude, dass sie nun mit dieser Situation zurechtkommen, ihre Talente entfalten können. Als ich mich in der DDR verabschiedet habe, hatte ich zwei Wünsche. Diese habe ich auch öffentlich ausgesprochen: menschenwürdige Verhältnisse in Deutschland, und dass DDR-Bürger ihre Talente frei entfalten können. Diese jungen Leute können das. Leider nicht alle – das ist die Kehrseite der Medaille. Das zweite Positive ist, dass bei aller, auch berechtigten Kritik und trotz vieler Vorurteile der Rechtsstaat einigermaßen funktioniert. Das schließt nicht aus, dass falsche Entscheidungen getroffen werden. Dass es ihn aber gibt und dass viele allmählich Vertrauen zu ihm gewinnen, zeigt sich schon an der großen Zahl der Klagen, die eingelegt werden. Das ist zwar nicht nur Ausdruck des Vertrauens, aber immerhin, es ist auch das. Dieser Teil der Wiedervereinigung ist uns ein ganzes Stück besser gelungen als andere Teile.

Was uns nicht gelungen ist, das ist sicher eine lange Liste. Ich will nur zwei Dinge nennen, und zwar einen konkreten und einen allgemeinen Punkt. Die Regelung der sogenannten offenen Vermögensfragen ist misslungen. Das lässt sich unter keinem Gerechtigkeitsgesichtspunkt rechtfertigen, nicht einmal aus einer westlichen Sicht. Die ganzen Widersprüche, die darin stecken: die einen kriegen es zurück, die anderen kriegen es nicht zurück, die, die es zurück kriegen, kriegen alles zurück, die es nicht zurück kriegen, kriegen 20 Prozent Entschädigung, wenn sie Glück haben und auch nicht sofort, und, und, und. Also dieses halte ich für schlechterdings misslungen, um nicht andere Worte zu gebrauchen.

GYSI: Sie hätten das Prinzip Entschädigung vor Rückgabe vorgezogen?

BRÄUTIGAM: Ja, aber auch dann hätten wir noch viele Probleme gehabt. Allerdings wäre es ein in sich geschlosseneres System geworden, und wenn das langfristig angelegt worden wäre, würde uns das Problem heute wahrscheinlich weit weniger belasten. Man hätte durchaus den früheren Eigentümern die Chance geben können, Grund und Boden günstig zu kaufen, aber nicht unbedingt den, den sie hatten, weil da andere saßen, die vielleicht sogar mindestens so gute Rechte hatten.

GYSI: Ich stimme Ihnen ausdrücklich zu, denn das hat auch psychologisch viel zerstört, weil es das Bild produzierte, jetzt haben wir uns vereinigt und jetzt verlieren ganz viele ihr Grundstück oder sind zumindest in Gefahr, ihr Grundstück zu verlieren. Und dadurch ist auch der Begriff der Siegermentalität entstanden. Mit der Eigentumsgerechtigkeit ist es überhaupt schwierig, da ist nämlich die Frage, wo fängt man an? Man kann 1949 anfangen, man kann 1945 anfangen, man kann im 15. Jahrhundert anfangen, als Leute noch Posträuber waren, die heute ein großes Vermögen besitzen. Das ist sehr schwierig.

BRÄUTIGAM: Das kann eine interessante juristische Vorlesung werden, ich will das auch mal von einem ganz anderen Punkt aus kurz beleuchten. Ich habe eine Erfahrung in der DDR gemacht: es gab nicht die Heimat DDR, es gab die Heimat Thüringen, Sachsen usw. In diesem Kreis bei Heino Falcke habe ich mal die Frage gestellt: was ist eigentlich Heimat für Sie? Da hat mir eine junge Frau etwas gesagt, was ich nie vergessen werde. Sie sagte: Heimat ist mein Dorf. Die Eigentumsfrage hat etwas mit der Heimatverbundenheit der Ostdeutschen zu tun. Man hat ihnen ein Stück Heimat genommen, denen, die das genutzt haben, ob nun als Nutzer, als Mieter, mit welchen Rechten auch immer. Man hat ihnen nicht nur einen Vermögenswert weggenommen, den die Alteigentümer als Vermögenswert empfangen haben, sondern ein Stück Heimat. Und die Heimat ist in dieser Zeit des Umbruchs neben der Familie und Freunden das Wichtigste, was den Menschen Halt gibt. Deshalb glaube ich, dass die Gesetzgebung zu den offenen Vermögensfragen ein tief gehender Fehler war. Ein großer Teil von Spannungen rührt letztendlich aus dieser Problematik.

GYSI: Sie wollten noch ein zweites Beispiel dafür nennen, was misslungen ist.

BRÄUTIGAM: Das zweite ist ein allgemeiner Punkt: meine größte Enttäuschung ist, dass viele Ostdeutsche, viele ehemalige DDR-Bürger heute im Rückblick die Wiedervereinigung nicht als ein für sie schönes und positives Ereignis empfinden. Es schmerzt mich, dass es der Politik nicht gelungen ist – das ist auch Kritik an meine eigene Adresse, das geht alle Politiker an, das geht Sie übrigens genauso an – dass es nicht gelungen ist, ihnen das Gefühl zu vermitteln, dass sie in dieser neu gewonnenen deutschen Einheit, bei aller Kritik im Einzelnen, zu Hause sind. Das hat auch mit dem eben berührten Punkt zu tun. Sie sind nicht angekommen in diesem Staat. Dass also dieser Staat – mein Staat, mit dem ich keine grundlegenden Probleme habe, ich bin mit diesem Staat groß geworden und habe ihm viele Jahre gedient – dass dieser Staat nicht in der Lage war, den Ostdeutschen, die ganz überwiegend dazu kommen wollten, das Gefühl zu vermitteln, ihr gehört dazu. Man hat ihnen großes Misstrauen entgegen gebracht. Damit meine ich nicht nur den Staat Bundesrepublik in seinen Institutionen, sondern auch die Gesellschaft der Bundesrepublik hat den Ostdeutschen Misstrauen entgegen gebracht, auf Grund der Geschichte. Das ist meines Erachtens – ich sage das ganz bewusst, und da beziehe ich die PDS mit ein – ein Versagen der deutschen Politik in dieser Zeit der Vereinigung.

GYSI: Ich denke, eines der Hauptprobleme war, die Bundesrepublik hat aus der DDR existenziell nichts gebraucht. Die Folge davon ist, dass vieles untergegangen ist, und dass das, was blieb, eher im Wege der Gnade blieb. Das hat etwas Demütigendes an sich, was sich auswirkt. Und ich gebe Ihnen Recht: auch die PDS hat eine spezifische Verantwortung im Rahmen dieser Vereinigung.

BRÄUTIGAM: Und ich finde, dass Sie, mit Verlaub, dieser Pflicht nicht ausreichend nachgekommen sind.

GYSI: Wir haben einen Kultursprung versucht. Das Problem ist, dass wir ja auch viel abgewehrt haben und dass man eines nicht vergessen darf: wer eine Ungleichbehandlung kritisiert, will sie nicht fortsetzen. Eine Voraussetzung für die Einheit ist doch, dass die Ungleichbehandlung zumindest dort, wo sie nicht gerechtfertigt ist, aufgehoben wird. Und ich sage, nicht der, der die Benachteiligung der Ostdeutschen artikuliert, spaltet, sondern der, der sie festschreibt, weil eine Voraussetzung für Einheit ist, dass man sich gleichwertig behandelt fühlt. Ich habe führenden Politikern der Bundesrepublik 1990 Gespräche dazu angeboten. Interessant ist, wer sie angenommen hat und wer nicht. Das war keinesfalls so, wie man annehmen könnte, dass Sozialdemokraten sie angenommen und Konservative abgelehnt hätten. Ich will gar nicht behaupten, dass wir alles richtig gemacht hätten, wir haben uns zu einem Teil vielleicht einfach treiben lassen, aber es ist ungeheuer schwierig gewesen. Die Akzeptanz der PDS war sehr gering, und aus einer solchen Isolationsrolle heraus nun auch noch einen Beitrag zur inneren Einheit zu leisten, war zumindest kompliziert. Wir haben einiges versucht. Ich nehme die Kritik dennoch mit. Wir werden darüber auch weiter nachdenken. Themawechsel: Ist es aus der Sicht einer SPD-Landesregierung eigentlich leichter mit einer Bundesregierung aus SPD und Grünen oder schwieriger als zuvor mit einer Regierung aus CDU / CSU und FDP?

BRÄUTIGAM: Beinahe hätte ich gesagt, ich wünschte, Sie wären mal in einer Regierung, damit Sie die ganzen schlechten Erfahrungen machen können, oder nicht die schlechten, sondern die schwierigen Erfahrungen, die man in diesem Amt hat.

GYSI: Gut, dass Sie das nicht gesagt haben.

BRÄUTIGAM: Das ist so. Natürlich tut man sich mit den eigenen Freunden oft schwer genug, auch weil man viel direkter und härter miteinander umgeht, als wenn man einen Koalitionspartner hat, den man mit Samthandschuhen anfassen muss. Da sind die Auseinandersetzungen härter und direkter, aber trotzdem würde man es nicht anders haben wollen. Ich wünsche mir keine andere Regierung, ich wünsche mir in einigen Punkten ganz sicher eine andere Politik.

GYSI: Ich meine das in ganz praktischen Angelegenheiten. Sie sagen, einiges ist schwerer, anderes ist leichter.

BRÄUTIGAM: Es ist vor allem psychologisch immer ein Stück schwieriger. Eine Bundesregierung und eine Landesregierung, die derselben Partei angehören, die setzen sich anders miteinander auseinander, als wenn eine andere Partei regiert. Die kann man sehr viel einfacher angreifen in der Öffentlichkeit, das schafft Entlastung, das ist nicht so schwierig und manchmal sehr bequem.

GYSI: Frau Hildebrandt war darauf sehr spezialisiert, nicht wahr?

BRÄUTIGAM: Natürlich fehlt uns die CDU oft, weil wir ... ich hätte beinahe gesagt: man braucht ein ordentliches Feindbild, aber das ist verbraucht.

GYSI: Sagen wir: anständige Gegner, anständige politische Gegner.

BRÄUTIGAM: Das ist viel feiner, wie Sie das sagen.

GYSI: Ich würde gerne noch auf die Frage kommen, wie Sie sich eine Vereinfachung des Rechtes vorstellen. Also wenn ich jetzt mit Ihnen darüber streiten würde, wem der Tisch hier vor uns gehört, wobei klar ist, dass er uns beiden nicht gehört, dann hätten wir nach etwa acht Jahren eine rechtskräftige Entscheidung des Bundesgerichtshofes und wären beide nicht mehr an dem Tisch interessiert.

BRÄUTIGAM: Mit einem Unterschied, Sie als Anwalt hätten daran Geld verdient, ich nicht.

GYSI: Oder verloren.

BRÄUTIGAM: Anwälte gewinnen immer, sie gewinnen auch, wenn sie verlieren. Das ist die große Kunst dieses Berufes.

GYSI: Ja, wo kommen wir sonst auch hin? Wobei: das amerikanische Recht, also die Beteiligung des Anwaltes am Schadenersatz bis zur Hälfte, aber nichts, wenn man verliert, hat die unangenehme Konsequenz, dass Anwälte nicht mehr wie Anwälte auftreten, sondern wie in eigener Sache. Sie fechten mit entsprechenden Methoden, was auch problematisch ist. Es spricht einiges dafür und einiges dagegen. Wir haben ja mal eine Gerichtsreform vorgeschlagen.

BRÄUTIGAM: Von Ihrem Denken her müssten Sie den Anwaltsberuf verstaatlichen, oder?

GYSI: Nee, das wäre eine Katastrophe. Das hatten wir ja nicht einmal in der DDR, und zu Recht nicht.

BRÄUTIGAM: Ein paar ideologische Ausnahmen muss man immer machen.

GYSI: Eben. Und, Herr Minister, Sie unterschätzen mich. Ich bin kein Verstaatlichungsfanatiker. Ich sage immer: an dem Tag, als wir aus dem privaten Geigenbaumeister einen VEB Geige gemacht haben, hat das Ding nicht mehr gespielt. Auf der anderen Seite finde ich die Privatisierung von allem und jedem auch eine Katastrophe. Man darf Möglichkeiten nicht so einschränken. Ich nenne bloß das Stichwort Bahn-AG. Wenn wir die Bahn nach ökologischen Gesichtspunkten gestalten wollen, kann man sie nicht marktwirtschaftlich nach Gewinn ausrichten.

BRÄUTIGAM: Sie wollen eben Ihre Reichsbahn behalten, auch weil sie so heißt, Reichsbahn.

GYSI: Natürlich, das war das einzige, was wir vom Reich hatten, und es war nicht das Schlechteste. Sie hatte nur laufend Verspätung.

BRÄUTIGAM: Nur, reich sind Sie damit nicht geworden.

GYSI: Nein, zweifellos nicht. Und unsere S-Bahn wollten wir euch ja mal verkaufen in Westberlin, die wolltet ihr gar nicht haben. Jetzt weiß ich auch, weshalb.

BRÄUTIGAM: An den Verhandlungen war ich beteiligt. Wir wollten sie haben, wir wollten nur nicht so viel bezahlen, wie Sie von uns haben wollten.

GYSI: Ich finde, das hätten Sie uns ruhig geben können. Das heißt, da ich auch nicht genau weiß, was damit gemacht worden wäre, sage ich mal: vielleicht ist es auch so ganz gut. Ich finde, es gibt schöne Umkehrungen in der Geschichte. Der beste Witz ist, dass Strauß einen Kredit eingefädelt hat zugunsten der DDR, den jetzt die Bundesrepublik zurückzahlen muss. Es gibt Höhepunkte, über die man sich noch nachträglich freuen kann.

BRÄUTIGAM: Also, dass Brandenburg mit zurückzahlen muss, das geht mir gegen den Strich.

GYSI: Obwohl Brandenburg wirklich nichts davon hatte.

BRÄUTIGAM: Wirklich nichts.

GYSI: So, wie man in Brandenburg arbeitete, hat man in Berlin gelebt. Das war früher schon so, daran hat sich nichts geändert.

Ich möchte mich bei Ihnen, Herr Minister Bräutigam, für den Einblick sowohl in Ihre Biographie als auch in Ihre politischen Auffassungen, in Ihren Werdegang in der Bundesrepublik als auch in Ihre Beziehungen zur DDR und Ihre differenzierte Sicht auf die DDR, die ja nicht ganz typisch ist für Politiker aus der alten Bundesrepublik, auch für ihr Wirken in Brandenburg und für Ihre Bereitschaft zu diesem Gespräch ganz herzlich bedanken. Ich möchte hinzufügen, dass das für uns immer wieder eine interessante Sicht ist, denn wir sind mit solchen Biographien nur selten konfrontiert. Zur Einheit gehört, dass man sich füreinander interessiert. Wir verlangen zu Recht, bisher ziemlich erfolglos, den Respekt für unsere Biographien. Das setzt aber voraus, dass wir selber Respekt für andere Biographien aufbringen. Und ich glaube, auf diesem Wege kommen wir uns näher. Dafür möchte ich Ihnen danken. Ich hoffe, Sie kommen wieder zu uns.

BRÄUTIGAM: Das kann ich mir vorstellen.

LOTHAR BISKY

geboren:	17. August 1941 in Zollbrück / Hinterpommern
nach Abitur:	Studium der Kulturwissenschaften an der Leipziger Karl-Marx-Universität
1963:	Eintritt in die SED
1966-1967:	Wissenschaftlicher Assistent an der Leipziger Universität
1969:	Promotion zum Dr. phil.
1975:	Habilitation zum Dr. sc. Phil.
1967-1980:	Mitarbeiter am Zentralinstitut für Jugendforschung in Leipzig
1979:	Berufung zum Honorarprofessor an die Humboldt-Universität
1980-1986:	Dozent an der Akademie für Gesellschaftswissenschaften beim ZK der SED
1986:	Berufung zum Ordentlichen Professor für Film- und Fernsehwissenschaften an die Hochschule für Film und Fernsehen (HFF) »Konrad Wolf« in Potsdam-Babelsberg
1986-1990:	Rektor der HFF
1990:	Abgeordneter der Volkskammer der DDR
1989-1991:	Mitglied des Präsidiums der PDS/SED, später der PDS
seit 1990:	Abgeordneter des Landtages Brandenburg und Fraktionsvorsitzender der PDS
1991-1993:	Landesvorsitzender der PDS in Brandenburg
1993:	Bundesvorsitzender der PDS

»Der gute Mensch von Schöneweide... Wenn andere reden, ruft Bisky nicht gern dazwischen. Deshalb drängt es ihn auch nicht in diese Fernsehrunden.« *Wolfgang Hübner in »Neues Deutschland«*

»Bisky, der sich 1989 beim Zusammenbruch der SED als Rektor der Hochschule für Film und Fernsehen der DDR zum politischen Engagement getrieben fühlte, ist auch neun Jahre danach eher ein ›in der Politik vagabundierender Wissenschaftler‹ als ein harter Politprofi. Im Wahlkampf kommt kein böses oder abfälliges Wort über politische Gegner über seine Lippen. Er sucht das Verbindende, nicht das Trennende – ein geborener Moderator. Wenn er redet, scheint er zu dozieren – emotionslos, nüchtern, so sachlich wie möglich. Auch seine Wahlreden sind gespickt mit Hinweisen auf Sachverständige, die alles untersucht und durchgerechnet haben. Nur wenn er auf die DDR-Vergangenheit zu sprechen kommt und – ›auch wenn manche Genossen das gar nicht hören wollen‹- darauf beharrt, dass der schmerzhafte Prozess der ehrlichen Auseinandersetzung mit der Vorgängerpartei SED weitergeführt werden müsse, blitzt so etwas wie kämpferische Entschlossenheit bei ihm auf.«

Peter Jochen Winters in
»Frankfurter Allgemeine Zeitung«, 23.9.1998

»Wie ein echter Vollblutpolitiker jedenfalls wirkt Bisky in der unaufgeregten Weise, mit der er das politische Geschäft betreibt, tatsächlich nicht. Das gilt vor allem dann, wenn es in den Reihen der Genossen mal wieder hoch hergeht, wie gerade jetzt: Die SED-Erbengemeinschaft, bestehend aus Altstalinisten, DDR-Nostalgikern und ›Reformern‹ streitet mal wieder um die mehr oder weniger schmerzfreie Aufarbeitung des DDR-Unrechts. Da wird ein notorisch auf Ausgleich bedachter Parteivorsitzender als Herbergsvater gebraucht.«

Armin Fuhrer in »Die Welt«, 15.1.1999

»Ich verliere nicht gern Leute, ich will sie gewinnen. Ich habe mich dabei erwischt, dass ich echte Schwierigkeiten mit der Zuspitzung habe. Die höchste Form der Kritik war in der DDR das Ausbleiben von Applaus; jetzt leben wir in einer Kultur der Zuspitzung. Daran muss ich mich gewöhnen. Es bereitet mir aber zunehmend weniger Probleme, jemandem die Meinung zu sagen. So viel Marxismus weiß ich noch: Ich kann nicht in einer Gesellschaft leben und zugleich frei von ihr sein.«

»Die Sehnsucht nach einem Parteiführer im alten Sinne, die verstehe ich, auch die Sehnsucht geliebt zu werden, so zu sein wie Greenpeace. Aber wenn die PDS das wirklich wollte, dann müsste sie sich einen anderen Parteivorsitzenden suchen.«

»Im Moment bin ich die Integrationsmaschine für die PDS.«

»Ein kluger Mensch hat mir gesagt, rede nie über Rüktritte. Tu's.«
*aus Reden, Gesprächen und Schriften*7

GYSI: Allgemein bekannt ist, dass Du der Parteivorsitzende der PDS und Professor bist. Viele wissen darüber hinaus, dass Du Rektor an der Hochschule für Film und Fernsehen Babelsberg warst. Aber was war vorher? Du hast interessante Sprünge in Deinem Leben vollzogen. 1941 in Zollbrück in Hinterpommern geboren, nach dem Krieg als Kleinkind in einer Westzone gelandet, wie kam das?

BISKY: Ich bin ein Kriegskind. Wo ich geboren wurde und in den ersten Jahren aufgewachsen bin, ist zweimal die Front über uns gegangen, mit all ihren Scheußlichkeiten. Das hat mein Leben lange beeinflusst. 1946/47 ist meine Familie irgendwie aus Pommern weg- und nach Schleswig-Holstein hingekommen, das war britische Besatzungszone. Dort bin ich als Armer-Leute-Kind groß geworden und zur Schule gegangen.

GYSI: Deine Famile, wer war das?

BISKY: Mein Vater war Hilfsarbeiter, meine Mutter Hilfsarbeiterin. Mein Vater konnte nichts weiter als seinen Namen schreiben, aber er hat versucht, sich zu bilden. Ich habe ihn sehr geachtet. Meine Mutter konnte lesen und schreiben. Sie gehörten zu den ärmsten Schichten, die es in Hinterpommern gab – Leute, die in ihrer Kindheit, wie mein Vater, Kuhherden über die Grenze treiben mussten und Schnaps brannten, aber interessante Leute. Ich habe einen Bruder.

GYSI: Bis wann bist Du in deinem Elternhaus aufgewachsen?

BISKY: Bis 1959, da war ich 18.

GYSI: Das war das Jahr, in dem Du in die DDR gegangen bist. Der umgekehrte Fall ist mir geläufiger. Aber wie kommt ein 18jähriger aus diesen Verhältnissen aus Schleswig-Holstein dazu, 1959 in die DDR zu gehen?

BISKY: Ja, vielleicht weil er aus diesen Verhältnissen kommt. Ich bin ziemlich normal gewesen, bin durch einen Lehrer – Schmidt hieß er – gefördert worden, bin auf so eine Art Gymnasium gekommen, in Rendsburg. Meine Schulfreunde dort kamen überwiegend aus wohlhabenderen, betuchteren Familien. Die Tochter von Dr. Oetker ging dort zur Schule, und wohnte wohl bei Ahlmann; wer mit Bauwerkzeugen zu tun hat, kennt die Firma. Ich war ein Arme-Leute-Kind und hatte eines Tages das Kommunistische Manifest gelesen, da war ich 17. Danach bin ich ein bisschen rot geworden. In der Gegend gab es meines Wissens keine KPD-Organisation, aber es gab einen Kommunisten. Er hatte eine sehr tragische Geschichte hinter sich, hatte im KZ gesessen, konnte aber irgendwann ausreißen, wurde von einer Frau versteckt, die er später geheiratet hat. Er war der einzige Kommunist, den ich kannte. Er hat mich tief beeindruckt. Seine Person, die Tatsache, dass das Kommunistische Manifest und andere Texte, die ich gelesen habe, meine soziale Situation erklärt haben, und sicher auch ein Stück Abenteuerlust haben mich dazu gebracht, mein weiteres Leben in der DDR versuchen zu wollen. Außerdem hatte man mich ein bisschen gekränkt.

GYSI: Auf dem Gymnasium?

BISKY: Ja, die haben mir zum Schluss ein Stipendium angeboten mit 140 Mark im Monat. Das war damals sensationell hoch, aber es enthielt die Auflage, dass ich im Internat bleiben und nicht arbeiten sollte. Zuvor hatte ich mir mein Geld für das Gymnasium verdient. Das Internat kostete aber exakt 140 Mark im Monat. Meine Eltern konnten mir wirklich nichts geben, mein Bruder auch nicht. Wenn sie gekonnt hätten, hätten sie das getan, sie hätten sich ihr letztes Hemd ausgezogen, aber sie waren lange arbeitslos. Und das empfand ich als Kränkung, dass ich gezwungen sein sollte, auf das Internat zu gehen, dort von früh bis nachts zu bleiben, aber wenn irgendwas war, ob Theaterbesuch, Bücher kaufen oder sonst was, dann wäre ich aufgeschmissen gewesen. Außerdem kannten sie meine Überzeugung und haben mich mit Heil Moskau begrüßt.

GYSI: Hast Du Deine Überlegung oder Deinen Entschluß, in die DDR zu gehen, mit Deinen Eltern besprochen oder bist Du einfach über Nacht weg?

BISKY: Ich habe das mit meinen Eltern nicht besprochen. Ich habe meinen Campingbeutel genommen, bin über die Grenze, wurde dann in Schönebeck erst mal in Gewahrsam genommen und in eine Zelle gebracht. Das habe ich damals durchaus als normal empfunden. Ich wurde von mehreren Herren befragt und dann in ein Lager gebracht. Da waren übrigens nicht wenige. Die sind zumeist vor der Wehrpflicht geflohen. Manche sind gleich wieder zurückgeschoben worden, man hatte sich über sie erkundigt und sie passten wohl nicht in die Vorstellungen, mit wem man die DDR aufbauen wollte, vielleicht waren auch wirklich schräge Typen dabei. Aber eine Reihe, die der Wehrpflicht in der Bundesrepublik nicht nachkommen wollten, kamen damals in die DDR. Mich haben sie gefragt, wohin ich will. Ich habe gesagt, nach Leipzig. Da haben sie mich nach Altenburg geschickt. Dort habe ich im Teerverarbeitungswerk Rositz als Pressenreiniger mein Geld verdient.

GYSI: Hattest Du Dein Abitur schon?

BISKY: Nein, ich war noch in der 12. Klasse, als ich ging.

GYSI: Du hast Deine Eltern und Deinen Bruder dann nach deinem Weggang mit einem Brief informiert...

BISKY: Ja.

GYSI: ... hat sie da nicht fast der Schlag gerührt?

BISKY: Ich habe ein großes Lebensglück. Mein Bruder ist Kraftfahrer. Zwischen meinem Bruder, meiner Mutter und mir hat es nie Krach gegeben. Ich habe ihnen einen Brief geschrieben, warum ich in die DDR gegangen bin. Dann haben sie geantwortet: Wir hatten so eine Ahnung, dass Du eines Tages sowieso Kommunist oder so was werden würdest, und wenn das Deine Überzeugung ist, tue das. Wir werden immer zu Dir halten, egal was passiert. – Das ist ein großes Lebensglück, dass meine Mutter und mein Bruder mich verstanden haben. Meine Eltern waren geschieden, mein Vater konnte mir nicht schreiben, der hätte auch nicht lesen können, wenn ich ihm geschrieben hätte. Aber meine Mutter und mein Bruder haben das einfach akzeptiert und gesagt, wenn das Deine Entscheidung ist, dann holen wir Deine Klamotten in der Schule ab und schicken sie Dir. Das haben sie getan. Und dann habe ich mich allein durchgeschlagen. Später hat mich meine Mutter in der DDR besucht und mein Bruder auch. Die Schwierigkeit für meine Mutter war, dass sie zu dem Zeitpunkt als Köchin bei der Bundeswehr gearbeitet hat. Da wurde sie sicherheitsmäßig so durchgecheckt, wie vergleichbare Fälle in der Deutschen Demokratischen Republik auch. Das heißt, sie wurde von einem Sicherheitsoffizier peinlich befragt, was denn ihr Sohn macht. Aber sie bekam dennoch die Ausreise.

GYSI: Die Idee, im Westen Linker zu werden und Dich zu engagieren oder in die DDR zu gehen, stand diese Alternative für Dich? Ist es das, was Du mit Abenteuer meinst, also wenn, dann woanders einen richtigen Neuanfang zu suchen?

BISKY: Ja, das war ein bisschen das Abenteuer. Aber ich habe in meiner schleswig-holsteinischen Umgebung auch weit und breit keine Linken gesehen. Mit Ausnahme von Schönecker, der Kommunist aus dem Dorf, den habe ich bewundert, weil er mutig war. Er war im Straßenbau, wo ich in den Ferien gearbeitet habe, und er war der einzige, der dem Vorarbeiter und dem Chef richtig widersprochen hat. Er wurde deshalb unentwegt entlassen, war meistens arbeitslos und hat auch viel getrunken. Aber ansonsten gab es dort keine Linken, denen ich mich hätte anschließen können. Es gab auch keine Jugendbewegung, nur die Landjugend. Bei denen habe ich Vorträge über kollektive Landwirtschaft gehalten. Da hätte ich manchmal am liebsten die Veranstaltung durchs Fenster verlassen.

GYSI: Als Du in die DDR gekommen bist und von diesen Herren, von denen Du sprachst, befragt wurdest, waren die misstrauisch? Haben die Dir Deine Geschichte geglaubt oder machten sie den Eindruck: wer weiß, wer uns den geschickt hat?

BISKY: Natürlich waren die misstrauisch. Das habe ich sogar verstanden. Also schickten sie mich ins Teerverarbeitungswerk. Später haben sie mich zur EOS Windischleuba delegiert, so ein Internat. Dort habe ich das Abitur gemacht. Ich glaube, man hat mich die ersten sieben Jahre nach meiner Einreise beobachtet, das war wohl die Regel. Dann kam der Abschnittsbevollmächtigte der Volkspolizei zu mir und hat gesagt: Du, ich muss einen Bericht über Dich anfertigen, kannst Du mir helfen? Das war auch die DDR. Wir haben uns gemeinsam hingesetzt und haben einen Bericht über den Bisky gemacht, der einigermaßen zufriedenstellend war. Dann war Schluss mit dem Misstrauen. Nach sieben Jahren ist man davon ausgegangen, na, vielleicht ist der okay.

GYSI: Als Du nach Windischleuba kamst, zur EOS, da warst Du älter als die anderen dort?

BISKY: Reifer, vielleicht ein Jahr älter. Ich hatte ein Problem, das andere nicht hatten, mein Zuhause war, wo meine Koffer standen. Ich hatte immer schon zwei Koffer, einer war voller Klamotten und einer voller Bücher. Und mein Ziel war immer, zu studieren. Ich wollte in Leipzig Philosophie studieren, wurde auch zur Aufnahmeprüfung geladen. Klaus Zweiling, der berühmte Philosoph und Physiker, hat mich befragt, welche Philosophen ich gelesen hatte, und ich Idiot mit wenig DDR-Erfahrung sage: Schopenhauer, Nietzsche, Karl Marx. Das war es dann. Ich musste draußen warten. Dann wurde ich wieder reinbestellt und sie haben gesagt: ein bisschen Erziehung bei der Arbeiterklasse, ein Jahr in die sozialistische Produktion, damit aus mir ein richtiger Mensch wird. So kam ich als nächstes in das Blechverformungswerk Leipzig-Plagwitz. Arbeiten, das konnte ich inzwischen.

GYSI: Und dann hast Du Philosophie studiert?

BISKY: Dazu musste ich aber nach Berlin, weil die Jahrgänge für das Philosophiestudium alternativ aufgenommen wurden, das eine Jahr Leipzig, das andere Jahr Berlin. In Berlin habe ich ein Jahr Philosophie gemacht und Allgemeine Statistik abgeschlossen. Dann wurde Kulturwissenschaften als Diplomstudium eröffnet, dieses Mal in Leipzig und nicht in Berlin. Und Philosophen durften wechseln. So bin ich zur Allgemeinen Kulturwissenschaft gegangen und habe dort als einer der ersten das Diplom Kulturwissenschaften gemacht, was ich nie bereut habe.

GYSI: In die SED bist Du 1963 eingetreten. Gab es dafür einen besonderen Anlass?

BISKY: Nein, das war eine Konsequenz meines Lebens, freiwillig, ohne Zwang. Ich bin auch, solange es diese Partei gab, drin geblieben. Später kritisch, aber das wollte ich so.

GYSI: Du warst dann wissenschaftlicher Assistent an der Leipziger Universität, hast 1969 promoviert und 1975 habilitiert. Nach deiner Assistenzzeit an der Universität bist Du von 1967 bis 1980, also 13 Jahre, Mitarbeiter am Zentralinstitut für Jugendforschung in Leipzig gewesen. Über diese Zeit gibt es Äußerungen von Dir, in denen Du sagst, dass ihr dort wirklich Jugendforschung gemacht habt, allerdings nur für den Panzerschrank. Das heißt: Ihr hattet völlige Freiheit in der Ermittlung von Informationen und Tatsachen, die Freiheit hörte jedoch bei deren Verwendung auf, also bei der Frage, wer darf von diesen Tatsachen erfahren – verstehe ich das richtig?

BISKY: Nein, anfangs war das ganz wunderbar. Das habe ich nebenbei gemacht in Leipzig, ein Staatsexamen in Soziologie, das war damals alles möglich. Das Studium war flexibler und nicht so verschult wie später. An der Universität habe ich die ersten empirischen Untersuchungen über das Fernsehverhalten von Fernsehzuschauern in Leipzig-Schönefeld gemacht. Dann wurde die Jugendforschung institutionalisiert und der Chef, Walter Friedrich, bei dem ich Sozialpsychologie gehört hatte, wollte mich haben, damit ich dort eine Forschungsabteilung Massenkommunikation und Kultur aufbaue. Deshalb war ich einer der Ersten bei der Jugendforschung und habe mich wahnsinning engagiert, es war eine tolle Zeit, eine Gründerzeit. Wir hatten eine Zeitschrift »Jugendforschung«, in der wir sehr interessante wissenschaftliche Studien veröffentlicht haben. Das hat andere gestört. Zwei Personen haben uns mit offensichtlich großem Misstrauen beobachtet. Der eine war Paul Verner, der in Berlin nicht ganz unbekannt sein dürfte...

GYSI: Mitglied des Politbüros und zuständig für innere Sicherheit, Jugend, Kirche...

BISKY: Der hat sich mal fürchterlich aufgeregt wegen einer empirischen Untersuchung, die wir gemacht haben. Wir wollten wissen, wie das mit den Westsendern ist, wir wollten ein wirkliches Resultat haben, wollten wissen, wie viele sehen oder hören die, was sehen sie, was gefällt und was nicht, und wie viele sehen demgegenüber DDR-Fernsehen, welche Sendungen usw. Man wusste, wenn man in eine Wohnung geht, und fragt: Hörst Du RIAS oder siehst Du ARD oder ZDF, das war ein bisschen schwierig. Wir haben deshalb methodische Untersuchungen gemacht, wie wir die Realität rausbekommen. Paul Verner war darüber empört und fand es auch eine Unverschämtheit, dass wir junge Arbeiter gefragt haben: Möchten Sie einmal Mitglied der SED werden? Der hielt das ja für selbstverständlich, dass jeder junge Arbeiter Mitglied der SED werden wollte. Er wetterte, dass das eine völlig abwegige Fragestellung sei. Solche verrückten Dinge gab es. Margot Honecker wollte auch nicht, dass wir viel in den Schulen untersuchen. Aber im Großen und Ganzen, das war auch DDR, gab es viele, die das unterstützt haben, auch aus dem sogenannten Apparat heraus. Deshalb gab es die Zeitschrift »Jugendforschung«. Wir haben internationale Kolloquien gemacht. Wir haben sogar Methoden-Bücher zu empirischer Forschung verfasst, dicke Wälzer, die sogar an der Universität Köln und im finnischen Tampere als Lehrmaterial verwandt wurden. Das war nämlich eine ganz normale empirische soziologische Forschung, die exakt war. Das wurde auch anerkannt. Aber dann kam der Hammer. Man wollte nicht so recht, dass wir das veröffentlichen. Die Zeitschrift »Jugendforschung« wurde verboten. Es kam eine schwierige Zeit, wo gesagt wurde, ihr könnt alles machen, aber ihr werdet für den Panzerschrank arbeiten. Das ist nur für die Parteiführung. Der Erste Sekretär des Zentralrates hat es – glaube ich – bekommen und die Abteilung Jugend des ZK der SED. Und die haben dann entschieden, wohin es weitergeht. Ich erinnere ich mich noch, dass einer es wirklich wissen wollte, Werner Lamberz, der war damals für Medien zuständig. Der hat angerufen und gesagt: Ich brauche das und das. Und dann wurde das aus den empirischen Untersuchungen zusammengestellt. Am nächsten oder übernächsten Tag hat man dann aus seiner Rede herausgehört, dass er die empirischen Daten bekommen hatte, er hatte sie verarbeitet. Leider ist er ja über Libyen verunglückt. Danach war das Interesse wesentlich geringer. Über die Geschichte unserer Jugendforschung ist ein Buch erschienen von den Leuten, die sie betrieben haben. Ich hatte leider keine Zeit, daran mitzuschreiben. Aber ich denke, es ist ein relativ sachliches Buch. Es wurde alles gründlich erforscht. Es wurden auch Studien gemacht, die heute kaum noch finanzierbar sind, Intervall-Studien, da haben wir junge Leute von der 6. Klasse bis zum Studium – immer die gleichen, eine Population von ca. 1600 – begleitend untersucht und folglich auch Entwicklungen bei jungen Leuten feststellen können. Die Jugendforschung hat bis zur Wende sehr genau gewusst, was los ist, auch Wertumbrüche in der DDR-Jugend. Weil sie wirklich so gut waren, wurden sie abgewickelt.

GYSI: Nach der Wende, das Institut blieb aber bestehen?

BISKY: Das Institut blieb als Filiale des Münchener Jugendinstituts bestehen, das aber immer schlechter gewesen ist als das Zentralinstitut für Jugendforschung in der DDR. Das sage ich nicht arrogant, das sieht auch die Fachwelt so, wenn sie einigermaßen objektiv ist.

Man wollte dieses Institut kaputt machen. Aber es kommen immer mehr Anfragen, auch mich rufen Leute an über Studien, die ich gemacht habe, vorwiegend von westlichen Universitäten, die offensichtlich nur noch den Osten erforschen und nichts mehr im Westen. Die fragen immer wieder: Was für eine Studie war das, die suchen das heute. Das ist auch aufgelistet, alles publiziert, liegt wieder in Panzerschränken, in Archiven natürlich. Man kann dort über die Irrungen und Wirrungen, aber auch über die Akribie der Jugendforschung in der DDR sehr gründlich nachlesen.

GYSI: Deiner Biografie entnehme ich, dass Du von diesem doch relativ offenen Institut – in der Forschung, auch wenn deren Ergebnisse ab einem bestimmten Zeitpunkt nur noch für einen internen Kreis bestimmt waren – 1980 zur Akademie für Gesellschaftswissenschaften beim ZK der SED gewechselt und dort Dozent geworden bist, nachdem Du vorher schon Honorarprofessor an der Humboldt-Universität wurdest...

BISKY: An der Humboldt-Universität war ich aber nicht angestellt, ich habe dort nur Vorlesungen zur Kultursoziologie und über Medien gemacht.

GYSI: Gut, aber was in aller Welt hat Dich zur Akademie für Gesellschaftswissenschaften beim ZK der SED getrieben?

BISKY: Wenn ich heutige Bücher lese, würde ich mich das auch fragen. Aber man muss zunächst mal die Akademie für Gesellschaftswissenschaften in ihrer damaligen Zeit sehen: Da war mein Freund Helmut Hanke, der später geflogen ist und dann in der Filmhochschule eingestellt wurde. Da war der Soziologe Manfred Lötzsch, da war der Ökonom Stiemerling, der die ersten Steuerveränderungen vorgeschlagen hat. Da waren Leute, die hoch interessante Vorschläge gemacht haben, wie das Privathandwerk entwickelt werden kann. Natürlich, das war eine Einrichtung, die dem Zentralkomitee der SED unterstand und die heute einen schlechten Ruf hat, in der es aber auch viel Offenheit gegeben hat. Der Rektor der Akademie, Otto Reinhold, war knallhart, wenn es um Disziplinverstöße ging, mir hat er auch einen Verweis gegeben, der wurde an der Wandzeitung ausgehangen. Das ist nicht zu bestreiten, aber richtig ist auch: er hat forschen lassen. Man konnte an der GeWi-Akademie eine Menge machen. Im Grunde genommen war die Situation nicht viel anders als bei der Jugendforschung. Dort konnte man auch alles erforschen, das ging wie gesagt in die Panzerschränke. An der GeWi-Akadmie konnte man auch viele interessante Studien machen, jedenfalls eine gewisse Zeitlang. Das war nicht so, dass dort nur eine Linie durchgedrückt wurde. Es gab eine Regel: Man musste außerhalb der GeWi-Akademie den Eindruck erwecken, dass man nicht gegen die Politik der SED ist. Aber man konnte Vorschläge unterbreiten. Im Kulturbereich, wo ich die Kultursoziologie koordiniert habe – das war die interne Medienforschung, die gesamten kunstsoziologischen Untersuchungen – gab es nach meiner Erinnerung kaum Beschränkungen. Die Arbeit dort war sogar sehr anregend.

GYSI: Dennoch, warum bist Du dorthin gewechselt?

BISKY: Weil mein Freund Professor Helmut Hanke mich dazu überredet hatte, und weil ich fürchtete, dass ich zu meinem 40. Geburtstag eine Lobeshymne beim Institut für Jugendforschung erdulden und mich dazu äußern müsste, dass ich dort lange bleiben werde. Meine Überzeugung war, dass das falsch ist. Ich war gegen die, die bis zur Rente geblieben sind, weil ich den Eindruck hatte, mit 40 versteht man diese Generation, die man erforschen soll, nur noch halb und nur gefiltert durch ein empirisches Instrumentarium, das mehr oder minder exakt ist. Kurz: ich hielt es für besser, wenn man mit 40 die Jugendforschung Jüngeren überlässt. Eigentlich wollte ich dann zur Humboldt-Universität, das hat aber nicht geklappt. An der Humboldt-Universität gab es damals Überlegungen, meinen Traum-Lehrstuhl für Theorie und Geschichte der kulturellen Kommunikation einzurichten. Das war eine Überlegung des Philosophen Wolfgang Heise. Da hatte ich nur noch das Problem, wie komme ich von der GeWi-Akademie wieder weg. Möglich wurde es erst, als Hanke dort mit Parteiverfahren rausgeschmissen wurde und Professor Koch, mein Institutsdirektor, sich das Leben nahm. Und irgendwie hatten die Film-Leute den Wunsch geäußert, dass ich Rektor der Filmhochschule werde. Das habe ich ein Jahr strikt abgelehnt, weil ich nicht der Überzeugung war, dass ich das konnte. Als sich die Situation bei der GeWi-Akademie zuspitzte, war ich dann ganz froh, dass ich da weg konnte. Da habe ich nach einem Jahr Zögern gesagt: Ja, ich mache das. Und dann war ich Rektor der Filmhochschule.

GYSI: Ab 1986, so steht es im Munzinger-Archiv. Das ist die Standardausgabe, in der man die Biografien nachlesen kann von bekannten Leuten in der Bundesrepublik Deutschland. Und da steht 1986 bis 1989. Das ist nicht ganz exakt. Du warst doch 1990 auch noch Rektor der Filmhochschule?

BISKY: Richtig, 1990. Da habe ich aber auch schon bei Dir gearbeitet.

GYSI: Auf die Phase komme ich gleich.

BISKY: Da warst Du kurz mein Chef.

GYSI: Das ist nun wirklich übertrieben. Auf jeden Fall bist Du jetzt länger mein Chef als ich je Deiner war. Insofern gleicht sich das inzwischen gerecht aus. Im Munzinger, das nun wirklich kein PDS-nahes Archiv ist, steht: »1986 bis – das korrigieren wir jetzt – 1990 war Bisky zudem Rektor der Hochschule für Film und Fernsehen ›Konrad Wolf‹ Potsdam-Babelsberg. Er hat in dieser Zeit anerkannter Maßen politische Maßregelungen gegen Lehrer und Studenten abgewehrt sowie Dreh- und Aufführungsverbote erfolgreich verhindert.« Meine Fragen, erstens: Woher weiß das Munzinger-Archiv das eigentlich? Und zweitens: Waren das viele harte, tägliche Auseinandersetzungen? Und wie schafft man das, wenn Du gleichzeitig bei Adameck, dem Fernsehchef, im Beirat beim Fernsehen der DDR warst? Dort war die Atmosphäre meines Wissens doch nicht so offen, oder ist das ein Irrtum?

BISKY: Nein, im Staatlichen Komitee für Fernsehen war ich nicht. Das hast Du nur aufgegriffen, von Schnitzler oder von Munzinger. Das ist ein Fehler, da war ich nie Mitglied. Aber ich hätte es vielleicht gemacht, das will ich nicht bestreiten. Aber ich war es einfach nicht.

GYSI: Du warst nicht im Beirat beim Fernsehen?

BISKY: Ich hatte mit dem Fernsehen Kontakt, weil die die Studenten delegiert haben. Aber ich kann mich nicht entsinnen, dass ich dort in einem Beirat war. Das ging um das Komitee für Fernsehen, wo die Entscheidungen gefällt wurden. Ich glaube, dort war ich nicht einmal Gast.

GYSI: Also ist das eine Ente.

BISKY: Das können nur Gauck, Munzinger-Archiv oder Karl Eduard von Schnitzler behaupten, die ich nicht gleichsetzen möchte, aber übernimm das bitte nicht.

GYSI: Um so besser. Sonst wäre das für mich ein spannender Widerspruch gewesen, die eine Atmosphäre und die andere Atmosphäre. Aber gut, wenn Du die eine gar nicht erlebt hast. Zur Filmhochschule: die hatte doch eine gewisse Sonderstellung. Die Studierenden genauso wie die Lehrenden galten immer als etwas undiszipliniert. Und da musstest Du Dich als Rektor auch irgendwie durchwursteln, wenn Du sie alle schützen und eine gute Ausbildung sichern, gleichzeitig auch das Misstrauen von außen oder von oben gegen diese Hochschule abbauen wolltest. Wie schafft man so was als Rektor? Ich kenne keinen, der dort studiert hat, der nicht eine gute Meinung von Dir hätte – das ist immerhin erstaunlich.

BISKY: Das ist auch ein bisschen Lebensglück. Später, wenn man sich erinnert, legt man sich das manchmal schöner zurecht. Mein großer Sohn sagt immer: Hör bloß auf mit Nostalgie, ich weiß, wie Du abends immer fertig warst. Und er hat völlig recht. Viele Wissenschaftler aus dem Westen gehen davon aus, dass die DDR ein einheitlicher Block war, in dem man gar nichts machen konnte. Das ist Blödsinn. Ich wollte versuchen, mit den Studenten zusammen etwas zu machen, weil sie mir fürchterliche Dinge erzählt hatten. Da gab es einen Aufstand an der Filmhochschule von Studenten, die gute Filme gemacht haben. Das war vor meiner Zeit. Und die haben Kurt Hager ein Manuskript von über 70 Seiten überreicht, wo sie ihre Probleme mit der Ausbildung dargestellt haben. Das hatte mir jemand zugespielt und ich habe es gelesen und fand es wunderbar. Um diese Zustände zu verändern, war das für mich eine Art Handlungsprogramm. Das konnte ich natürlich bei meiner Einführung dort nicht sagen, aber ich habe danach gehandelt und entschieden, mich den Studenten zu öffnen. Es gab ein Gesetz, wer exmatrikuliert wird, braucht eine Unterschrift des Rektors. Ich habe eben nicht unterschrieben. Das war nicht immer einfach, aber ich habe keinen Studenten aus politischen Gründen exmatrikuliert. Ich habe versucht, jeden zu halten, ich glaube zwei sind gegangen. Aber die haben mir gesagt, das geht nicht, sie wollen. Und wenn die es wollen, dann ist es okay. Dann müssen sie gehen. Aber ich war als Rektor nicht verpflichtet, zu unterschreiben. Man musste nur dieses Amt zur Verfügung stellen, wenn Druck versucht wurde, und dann ist nicht mehr viel passiert. Es gab auch kein Gesetz in der DDR, dass man Filme, die gut waren, verbieten musste. Man konnte Zivilcourage in der DDR entwickeln, wenn man wollte. Für mich war der Name »Konrad Wolf« verpflichtend. Es gibt eine Legende, die Familie Wolf hätte gefordert, dass die Hochschule an Kopf und Rumpf erneuert werden müsse. Und ich soll angeblich der Kopf gewesen sein. Das bestätigt mir aber keiner so richtig. Aber Konni Wolf, und diese Hochschule trug seinen Namen, war ein Mensch mit Charakter. Das sieht man seinen Filmen an. Ob das »Ich war 19« ist oder »Sterne«, ob das »Goya« oder »Solo Sunny« ist. Das war ein Mensch mit Charakter, eine Art sibirischer Bär. Der hatte für mich eine gewisse Vorbildfunktion. Der ist nicht zu Kreuze gekrochen, wenn einer gekommen ist und gesagt hat: das geht nicht. Der hat sich als Präsident der Akademie der Künste eingesetzt, für Bildhauer und für andere. Das nur war wichtig: Man musste bereit sein, sich einzusetzen. Außerdem hatte man doch Freunde. Mein guter Freund Heiner Carow hat mich vor der ersten Blamage gerettet, als er gesagt hat: Guck mal, Deine Dozenten wollen, dass das und das aus dem Film rausgeschnitten wird. Das war eine Schicksalsstunde für mich. Das hätte ich sonst gar nicht erfahren, wenn Heiner Carow mir das nicht gesagt hätte. Es ging dabei um den Film »Alfred«. Darin wurde über einen Menschen berichtet, der bei der KPD war, dort rausgeflogen ist, der beim Antifa-Widerstand war, bei der SED, aus der SED rausgeflogen und zum Ungarnaufstand in die SED wieder eingetreten ist. Also Alfred, ein ganz merkwürdiges Menschenschicksal, über das eine Dokumentation gemacht wurde. Und die Dozenten wollten nun, dass da Stellen rausgeschnitten wurden. Carow sagte mir: Das ist jetzt Deine Entscheidung, Du kannst doch nicht so weitermachen mit dem Zeug. Und dann habe ich gesagt: Die Schere ist kein Pädagoge, die Studenten sollen entscheiden, was drin bleibt und was nicht drin bleibt. Sie müssen allerdings auch dafür haften, nicht im Sinne von Haftpflicht, aber sie müssen dann dazu stehen und das verteidigen in der Öffentlichkeit, denn sie sind die Autoren dieses Films. Und das hat geklappt. Ohne Carow wäre das für mich schwieriger gewesen. Das hätte mir keiner gesagt, und die hätten da rumgeschnitten.

GYSI: Ab wann hattest Du das Gefühl, dass die DDR zu Ende geht?

BISKY: Weißt Du, ich war ja einer der Idioten, die noch am 4. November 1989 gedacht haben, die DDR ist noch reformierbar. Ich hatte ab 1985/86 dumpfe Empfindungen, 1987 glaube ich – habe ich auf einem Konzil gesagt, ich kenne nur noch eine Hoffnung, die trägt den Namen Gorbatschow. Das Konzil war die öffentliche Versammlung der Hochschule. Da kriegte ich auch ein wenig Kritik. Aber im Grunde genommen war mir klar, dass es ohne Reform nicht mehr geht, vor allem in dieser Medienpolitik.

Und deshalb habe ich auch für dieses Inselexperiment Filmhochschule gestanden und war bei Adameck überhaupt nicht beliebt. Ich habe dafür gestanden, dass andere Filme, andere Sendungen entstehen, dass man das Engagement für eine Reformierung des Sozialismus nicht durch Bravheit dokumentiert, sondern durch eine Art Wahrhaftigkeit und den Versuch der Kritik und des besseren Vorschlags. Das ist wenigstens auf dieser Insel gelungen.

GYSI: Als Du von den Botschaftsbesetzungen in Budapest, Warschau und Prag hörtest, dann von den großen Demonstrationen in Leipzig; hat Dich das beunruhigt oder hattest Du das Gefühl, jetzt passiert etwas, was auch passieren müsse?

BISKY: August 1989 habe ich vor dem Fernseher gesessen und habe die »Aktuelle Kamera« gesehen und »Tagesschau« und »heute«. Da saß man ja wie ein Gelähmter. Anfang September dann waren die Studenten da. Und ich konnte nicht sagen, ich gebe mal keine Auskunft, im Moment ist alles schrecklich. Man musste handeln. Und da habe ich mit den Studenten Seminare gemacht über die Nachrichtengebung in beiden deutschen Fernsehstationen, Analysen. Wir haben festgestellt, die Deutschen in Ost und West können nur Sieger oder Verlierer sein, möglicherweise die einzige Gemeinsamkeit, die in den ganzen Jahren nach 1945 immer verwahrt geblieben ist. Die Studenten wurden im Verlauf der Ereignisse natürlich aufmüpfig. Als die Botschaftsbesetzungen kamen und die Flüchtlingsmeldungen, da haben wir uns entschieden: Wir wollen dort filmen, wir wollen dorthin. Wir wollen die Leute, die die DDR verlassen nach Ungarn und in den Westen, befragen. Wir hatten einen Bus, wir hatten Studenten, die das machen wollten, wir wollten auch nach Prag in die Botschaft. Ich habe mich als Rektor an alle gewandt, die zu entscheiden hatten, und um Erlaubnis gebeten, rauszufahren mit den Studenten, um Dreherlaubnis und alles Sonstige. Und niemand hat das entschieden. Dort stand immer ein Bus bei der Filmhochschule, es war ständig eine Bereitschaft von Studenten mit Kameras, die jetzt los wollten und endlich wissen wollten, was ist dort los, und berichten wollten. Das wurde unerträglich. Deshalb haben wir – ungefähr am 22. September – die erste gemeinsame Erklärung von Studenten, Rektor und Parteisekretärin nach Berlin an das Zentralkomitee der SED geschickt, weil nichts entscheiden wurde. Das war ein bisschen hart und es hat meinen jetzigen Freund, Heinz Vietze, der damals Erster Sekretär der Kreisleitung Potsdam der SED war, auch ein wenig überrascht. In den Grundorganisationen der SED in Potsdam wurde ich daraufhin als negatives Beispiel ideologischen Versagens behandelt. Das war aber schon nicht mehr so wirksam, weil viele gesehen haben, so geht es nicht weiter. Kurz und gut, die Sache entwickelte sich so: Niemand gestattete, dass diese Studenten da runter fahren. Wir wurden immer mehr in eine schwierige Situation gebracht. Nachdem wir auch keine Erlaubnis bekamen, in der Kirche an der Gethsemanestraße zu filmen, nachdem wir auch keine Erlaubnis bekamen, die Demonstrationen in Leipzig und Dresden zu filmen – alle erklärten uns, sie seien nicht zuständig –, habe ich eine Entscheidung gefällt. Ich bin auf die Vollversammlung der Studenten der Filmhochschule gegangen und habe sinngemäß – an die einzelnen Sätze erinnere ich mich nicht mehr genau – gesagt: Das kann ich nicht mehr aushalten, früh belatschert ihr mich und sagt, wir müssen endlich drehen, dann kommen die anderen und sagen, der Zustand an deiner Schule ist unmöglich, Du musst hier weg, das geht nicht. Deshalb ist mein Vorschlag, wir haben jetzt Mut. Wenn alle anderen sagen, sie sind nicht zuständig für die Dreherlaubnis, dann erklären wir unsere Zuständigkeit für die Deutsche Demokratische Republik. Wir gehen filmen. Was daraus wird, weiß ich nicht, man kann euch verhaften. Es gibt nur zwei Bedingungen. Ihr versucht objektiv zu sein. Natürlich kann man nicht objektiv sein beim Filmen, das ist ein ebenso sozialistischer wie bürgerlicher Trugschluß, aber man kann sich bemühen, objektiv zu sein. Und die zweite Bedingung war: Es geht nicht direkt ans Westfernsehen. Und diese beiden Bedingungen sind eingehalten worden. Die sind ausgeschwärmt. Das waren die letzten Monate der DDR. Teilweise wurden für sie Breschen gebildet von Sicherheitsleuten, von Volkspolizisten, dass sie filmen können. Und sie haben wunderbare Filme gemacht. Wir waren dann auch mit die ersten, deshalb erhielten wir auch die »Goldene Taube« ehrenhalber auf dem internationalen Leipziger Dok-Film-Festival. Ich will sagen, an dem Tag habe ich die Vertrauensfrage gestellt, habe mich nicht mehr an die Spielregeln gehalten. Ich habe gesagt, wenn ihr es wollt, macht es. Es ist ein Risiko, es kann sein, dass es euch böse ergeht, dass es der Hochschule schlecht geht und auch mir. Man wusste nicht, wohin das geht. Das war der 9. Oktober 1989, glaube ich. Aber ich konnte auch nicht mehr anders und habe gesagt: Ich gehe jetzt raus, das ist die Vertrauensfrage. Wenn ihr die nicht positiv beantwortet, dann war es das. Und dann haben sie mich nach der Beratung wieder reingeholt und haben mir gesagt: Du hast das uneingeschränkte Vertrauen aller. Dann habe ich gesagt: Da stehen die Kameras, und ab! Innerhalb einer Stunde waren die draußen – Richtung Leipzig, Dresden, Berlin. Die waren doch alle schon beim Auf- und Umbruch dabei, da waren auch wirkliche Dissidenten unter den Studenten. Übrigens sind das heute fast alles PDS-Wähler. Viele sind weg. Aber die Leute, die man mit guten Gründen damals, wenn man blöd gewesen wäre, politisch hätte exmatrikulieren können, das sind heute alles gute Freunde und PDS-Wähler. Die haben doch mit ihren Bemühungen, die Wirklichkeit mit einem gewissen moralischen Anspruch zu zeigen, jetzt erst recht keine Chance mehr. Wie man die Ideologie überlisten kann, das haben wir gelernt. Aber wie man für ehrliche Filme zu Geld kommt, das haben wir nicht gelernt. Und darum haben sie es fürchterlich schwer. Die haben es genauso schwer wie damals in der DDR. Das ist nicht nur meine Auffassung. Kurz und gut, das war diese Geschichte. Es gab noch ein bisschen Krach mit Dozenten, die das für unerträglich hielten, dass sie keinen Zugang mehr zu den Schnitträumen hatten, weil die Studenten niemanden reingelassen haben, auch nicht die Staatssicherheit, auch nicht das Westfernsehen. Keiner ist abgedriftet von dieser Linie, was auch eine schöne Erfahrung war. Nur um Mitternacht gab es eine Berichterstattung, da kamen solche Telefonanrufe: Also, Genosse Rektor, wir teilen mit, das ist eine Legende, dass wir heute an der Runden Ecke in Leipzig – das war die Staatssicherheit – gefilmt haben, aber wir würden das nicht allzu wörtlich nehmen, was wir jetzt gesagt haben. Aber wenn Dir einer Vorwürfe macht, das war nicht so. So hat man eine Art Legendensprache gehabt. Es war sehr schön, eine phantastische Zeit. Dort haben Studenten – zweites Studienjahr Kamera, das werde ich nie vergessen – einen wunderbar menschlichen Film über Dresden gemacht. Die haben nichts verbogen, die haben befragt, die haben diejenigen befragt, die besonders laut gegen die DDR waren, die haben diejenigen befragt, die die DDR verteidigt haben. Es war sehr schön und für mich die Bestätigung, dass man den jungen Menschen die Produktionsmittel geben muss, damit sie ihrer Verantwortung entsprechen können. Und dann tun sie es auch. Und dann entsteht auch was Vernünftiges. Allzu viel Pädagogen waren nie gut für die Kunst.

GYSI: Am 4. November 1989 hast Du auf dem Alexanderplatz gesprochen. Ich glaube, da sind wir uns das erste Mal begegnet.

BISKY: Das ist richtig. Ich hatte vorher leider nicht die Gelegenheit, Dich als Anwalt kennenzulernen.

GYSI: Sehr bedauerlich. Bei dem Gehalt eines Rektors hätte das meine Einnahmen deutlich nach vorn gebracht.

BISKY: Ach, jetzt muss ich Dir eines sagen zu den Legenden. Der Rektor hat sein normales Professoren-Gehalt bekommen. Und dann gab es eine Art Zulage, die richtete sich nach Studentenzahlen. Und Kunsthochschulen hatten geringe Studentenzahlen im Unterschied zu heute. Wir hatten aus Überzeugung geringere Studentenzahlen, um die Qualität der Ausbildung zu sichern. Heute sind das häufig Beamtenschulen. Du bekamst 500 Mark Zulage als Rektor, abzüglich 20 Prozent Steuern. Zwei Vorträge im Monat hätten mir das auch gebracht. Ich fand es richtig, dass man materiell keinen Anreiz hatte, Rektor zu sein. Deshalb konnte man noch frei damit umgehen. Materiell hat das überhaupt nichts gebracht, es sei denn, man war Rektor einer Universität, die 13.000 Studenten hatte, dann gab es Mengenzuschlag, Tonnenidologie. Das hat sich schon wieder gelohnt. Aber bei Kunsthochschulen, das konnte man glatt wegstecken. Da haben die Dozenten oder Professoren, die das nicht hatten, mit Vorträgen und Sendungen nebenbei mehr verdient.

GYSI: Dann haben wir auch mit dieser Legende aufgeräumt. Also: Am 4. November hattest Du auf dem Alexanderplatz gesprochen. Zwei Fragen: Erstens, wie kam es dazu? Zweitens: Wie hast Du Dich dabei gefühlt? Ich nehme an, das war die bis dahin größte Menschenmenge, wenn man mal den Begriff benutzen darf, vor der Du gesprochen hast, möglicherweise war es überhaupt die größte in deinem Leben? Bei mir was es zumindest so.

BISKY: Beim Deutschen Theater gab es Künstler, Schauspieler, die haben den Tschirner befragt, und der hat mich dann angerufen. Der war die Opposition in der Dok-Film-Bewegung. Ich hatte zu dieser Opposition relativ früh einen sehr engen Arbeitskontakt, die hatten vernünftige Ideen. Tschirner konnte ich nichts abschlagen, mit dem war ich damals eng zusammen im politischen Geiste. Der hat mir gesagt: Ich habe Dich vorgeschlagen, dass Du für den Film redest. Wir wollen einen haben, der den Leuten mit einer individuellen Berechtigung sagen kann, stellt euch der Wahl, damit ihr eine demokratische Legitimation habt. Das hatte ich, weil ich die Vertrauensfrage gestellt habe, das war bei den Künstlern der Anlass, mich vorzuschlagen. Ich habe Ja gesagt. Erst um Mitternacht wurde mir bewusst: morgen früh musst Du da reden. Da habe ich mich hingesetzt und habe sicherheitshalber was aufgeschrieben. Und dann bin ich mit zitternden Knien dort hin. So viele Menschen hatte ich noch nie gesehen. Ich war auch kein Volksredner und das war auch kein Lebensziel für mich. Ich habe dennoch das gesagt, was ich sagen sollte. Vor etlichen Monaten habe ich mit Friedrich Schorlemmer zusammen eine Veranstaltung in Wittenberg gemacht, und da haben wir uns unsere Reden noch einmal in Erinnerung gerufen und uns gefragt, ob wir sie aus heutiger Sicht noch genauso halten könnten. Wir kamen beide zum Ergebnis: Ja. Aber meine Güte, ich hatte zittrige Knie. Waren das eine Million oder

500.000? Das war relativ gleichgültig. Man stand plötzlich auf so einem Hänger, das war nicht einfach.

GYSI: Dann nahm die Entwicklung ihren Lauf. Krenz war zu der Zeit Generalsekretär. Er trat zurück. Dann bildete sich der Arbeitsausschuss zur Vorbereitung des außerordentlichen Parteitages. Da waren wir beide drin. Der Parteitag fand statt. Ich wurde zum Vorsitzenden gewählt. Du wurdest zum Mitglied des Präsidiums gewählt, warst zuständig für Medien, Kultur und all diese Bereiche.

BISKY: Durch einen Sprechfehler hattest Du mich noch für politische Schulung, also für alle Parteischulen zuständig gemacht. Daran muss ich Dich erinnern.

GYSI: Das war absichtsvoll, weil die ja abgewickelt werden mussten. Und ich wusste nicht wie, dafür sollte ein anderer zuständig sein. Es war übrigens das erste Mal, dass ich einen Streik erlebt habe, und zwar an der Parteihochschule, weil die nicht wussten, was aus ihnen wird. Ich wusste es auch nicht. Es war eine furchtbare Situation im Dezember. Aber zu Dir: Du hast Dich dann in Potsdam stärker verankert, bist heute dort Fraktionsvorsitzender, warst jahrelang auch der Landesvorsitzende der PDS in Brandenburg. Diese ganze Zeit des Umbruchs bis dorthin, kannst Du sie mit wenigen Sätzen aus deiner Sicht schildern? Ich lese heute gerne Bücher über diese Zeit und stelle dabei immer fest, uns wird ein strategisches Denken unterstellt, an das ich mich zumindest nicht erinnern kann. Meine Erinnerung ist, dass wir von der Hand in den Mund lebten. Aber wenn ich es nachlese, haben wir damals schon schlau die Weichen gestellt. Eine glatte Überschätzung, muss ich zugeben. Wie hast Du das in Erinnerung, auch so chaotisch wie ich, oder fandest Du, da war irgendwas drin von Ordnung, von Strategie? Habe ich das bloß vergessen, waren wir vielleicht klüger, als ich es in Erinnerung habe?

BISKY: Ich habe Schwierigkeiten mit Leuten, die damals schon eine Strategie und ein Konzept hatten. Wir waren relativ hilflos, und ich will eine kurze Geschichte dazu erzählen. Ich war ja noch Rektor der Filmhochschule und habe gesagt, ich mache jeden Dienstag meine Sitzungen und bin ehrenamtlich bei der PDS. Dann fahre ich an einem Freitag – es muss so gegen 18.00 Uhr gewesen sein, es war ja Dezember – zu meinem Minister. Das war damals Dietmar Keller, der war Kulturminister und zuständig für die Hochschulen. Der hatte gesagt, wir müssen mal reden. Und als ich bei ihm war, sagte er: Bleib bloß Rektor, was mit der Partei wird, weiß doch keiner. Da habe ich ihm geantwortet: Und was ist mit deinem Ministerium, der Regierung, den anderen Einrichtungen? Als ich zu Keller hochkam, brannte nämlich nur hinter zwei Fenstern Licht, das eine im Arbeitszimmer des Ministers Keller, und das zweite beim Pförtner, weil der warten musste, solange der Minister noch drin war. Alle anderen Fenster waren dunkel, obwohl es noch nicht später Abend war. Also habe ich gesagt: Dietmar, erzähle mir nichts über eure große Regierung und eure Aktivitäten. Wenn die alle weg sind in einer Umbruchsituation wie dieser, wenn keiner mehr arbeitet, es sei denn bei Muttern zu Hause, dann kannst Du mir nicht einreden, dass ihr die Situation im Griff habt. Darauf sagte er trocken: Fahr doch mal zurück in euer Haus – und er sagte das mit einem Unterton der Art: Bei euch ist es noch schlimmer. Leider hatte er ja Recht. Im großen, im riesengroßen ZK-Gebäude...

GYSI: ... jetzt ist es ein Bankgebäude. Das nenne ich einen direkten Übergang von einer führenden Rolle zur nächsten.

BISKY: Und beide, ZK und Bank, sind nicht demokratisch legitimiert. Die Banken werden ja auch nicht gewählt. Also: Ich dachte, jetzt fahr ich da hin zu dem Gebäude, wo der Arbeitsausschuss energisch arbeitet und man sieht dort Licht in allen Zimmern. Und dann gab es dort auch nur in zwei Zimmern Licht und zugegeben, eines war deines und das andere war mein Büro. Aber wenn man sich das vorstellt, dass Ende des Jahres Dunkelheit herrschte in einem Ministerium und in diesem Gebäude, da muss man auch nachdenklich werden. Sicher, viele Menschen wussten nicht: Was macht man? Manche sind aus Enttäuschung weggegangen. Aber nachdenklich kann man über so viel Dunkelheit schon werden.

GYSI: Jetzt muss ich auch eine kurze Episode erzählen. Du musst die überhaupt nicht kommentieren. Im Januar 1990 wurde es immer dramatischer. Mich erreichten immer mehr Forderungen nach Auflösung der Partei. Das war insofern interessant, als die Leute nicht austreten wollten, sondern sie wollten, dass es über sie kommt durch eine Auflösung. Ich habe geantwortet: Ihr könnt doch austreten, das ist euer gutes Recht. Das machten ja auch ganz viele. Aber nein, sie wollten, dass die Partei aufgelöst wird. Dann wären sie bis zum letzten Tag drin gewesen und es wäre nicht ihre Entscheidung, sondern die Entscheidung von Anderen gewesen. Es verließ uns der Dresdener Berghofer, zusammen mit dem – so hieß es damals wohl noch – Bezirksvorstand von Dresden, mit einer einzigen Ausnahme. Es spitzte sich alles zu. Ich war ziemlich verzweifelt, auch wegen der vielen dunklen Zimmer. Dann habe ich mir nachts Mühe gegeben und einen Brief an alle Mitglieder der Partei geschrieben, ein bisschen schwülstig, zugegeben, aber ein ziemlich verzweifelter Brief. Ich war am nächsten Morgen sehr stolz, habe den noch dreimal umformuliert und komme in die Sitzung des Präsidiums, an der auch Lothar Bisky teilnahm, und lese den mit so einem Zittern in der Stimme vor. Ich war fertig und dachte, jetzt wird allgemeines Lob kommen und die werden sagen, der Brief müsse sofort raus. Ich hatte zwar schon vorher gemerkt, daß Lothar Bisky immer so mit dem Kopf wackelte, aber ich wusste nicht weshalb. Dann meldete er sich und sagte, er hätte dazu nur zwei Dinge zu sagen: Erstens müsse der Brief sofort zerrissen werden und in den nächsten Papierkorb landen. Er dürfe unmöglich jemals durch jemand anderen gelesen werden. Und zweitens würde er 48 Stunden Schlafpause für Gregor Gysi anordnen, der müsse jetzt einfach mit Gewalt nach Hause geschickt werden. Und innerhalb von 48 Stunden dürfe der sich hier auch nicht mehr sehen lassen. Und alle anderen Herrschaften, die hier rumsitzen, könnten in dieser Zeit vielleicht ausnahmsweise mal arbeiten. Das war sein Vortrag. Den werde ich nicht vergessen. Den Brief gibt es wirklich nicht mehr, was ich bedauere. Ich weiß auch gar nicht mehr genau, was drin stand. Man denkt, dass man sich die Dinge merken kann, und man vergisst sie dann doch. – Zeitsprung. Seit 1993 bist Du Vorsitzender der PDS.

BISKY: Der derzeit dienstälteste Parteivorsitzende Deutschlands.

GYSI: Das stimmt. Das ist inzwischen aber auch nicht mehr so schwer. Ich habe den fünften SPD-Vorsitzenden erlebt, bei der CDU zwei, bei der FDP drei. Du hast inzwischen eine Programmdiskussion entfacht. Wohin will diese Partei programmatisch? Oder wohin willst Du, dass diese Partei programmatisch geht? Was meinst Du, welche Fragen müsste sie beantworten für das nächste Jahrhundert?

BISKY: Ich bin froh, dass wir diese Programmdebatte machen. Es war absehbar, dass man auf einige Fragen eine neue Antwort finden muss. Die Frage, ob und wie das Programm verändert werden muss, ist dabei für mich noch nicht die entscheidende Frage. Das will ich nicht vor einer Debatte, vor Analysen entscheiden. Und wir müssen analysieren und debattieren: Stimmt es, dass bald 20 Prozent der Menschheit alle Güter und Dienstleistungen erbringen können, die benötigt werden, um gut zu leben? Wenn das stimmt, sind bald 80 Prozent der Menschen ohne Arbeit. Für mich ist es immer noch ein Prinzip: Jemand, der über Erwerbsarbeit sein Leben, seine individuelle Existenz sichern will, der muss sie bekommen. Das ist für mich ein Menschenrecht. Die Frage muss beantwortet werden. Und wenn es wirklich so ist, was machen wir dann mit den 80 Prozent? Das ist eine Frage, die völlig neu steht. Darauf braucht eine sozialistische Partei eine Antwort.

Wir sehen, Kriege sind wieder möglich. Und wenn es nach der neuen NATO-Doktrin geht, dann ballern die bald wieder irgendwo rum mit all den schrecklichen Folgen. Wie kann man dazu beitragen, dass Abrüstung praktiziert werden muss, dass Deutschland Kriegsdienstverweigerer wird unter den Staaten, dass niemand wieder mit Waffen Geld verdienen darf? Es ist doch ein Wahnsinn, dass so kurz nach dieser bipolaren Welt, dieser Systemauseinandersetzung des Kalten Krieges, eine Art demokratisch legitimierter Totalitarismus da ist. Und ich habe Angst vor Fischer und Schröder und Scharping. Wenn es wahr ist, was sie sagen, wird es gefährlich. Das sind dann die neuen Kreuzritter der Gegenwart, des Computerzeitalters. Wenn sie sagen, sie wollen die Menschenrechte retten, und was Menschenrechte sind, entscheiden sie – natürlich nicht beim NATO-Partner Türkei – und sie entscheiden, wo sie mit Schwert und Schild die Menschenrechte hinbringen und welche Menschenrechte das sind, dann halte ich das für eine ganz gefährliche neue Welt. Dass Menschen wieder mit diesem messianischen Bewußtsein in die Welt gehen und anderen Völkern etwas bringen wollen, obwohl die das vielleicht gar nicht mögen, das ist keine glückliche Veränderung der Nachkriegsordnung. Bill Clinton kann die Cowboy-Hosen wieder anziehen. Das Recht des Stärkeren, so sind die alle gestrickt. Der Stärkere entscheidet, der Stärkere setzt das Recht durch, meistens auch noch über Sympathie. Das ist eine gefährliche Welt. Darauf brauchen wir eine Antwort. Wir brauchen auch eine ökologische Antwort.

Dass es so nicht weitergeht, ist doch klar. Was Rot-Grün jetzt mit der ökologischen Steuerreform macht, ist eher unsozial als ökologisch. Und damit werden sie auch nicht viel erreichen. Auch das ist eine Frage, auf die man eine Antwort haben muss. Und ich weiß ganz genau, man braucht für eine Kultur, die durch die Medienrevolution grundsätzlich verändert wird, ebenfalls eine neue Antwort. Wer das nicht ernst nimmt, der übersieht alle Wertumbrüche in der gegenwärtigen Kultur, der übersieht, dass die aufwachsenden Kinder heute durch Fernsehen und ein gewisser Prozentsatz durch Internet viel gründlicher erzogen werden als durch die Schule. Die Schule reagiert darauf nicht. In Brandenburg haben wir jetzt eine oberflächliche Debatte. Dabei geht es inhaltlich um nichts anderes als die Wiedereinführung der Reste der DDR-Schule: Kopfnoten, 12 Jahre, Zentralabitur. Ja, warum haben wir es überhaupt verändert? Es gibt andere Bildungsfragen, man muss die interaktiven Medien so entwickeln, dass sie nicht zu einer Zwei-Klassen-Kommunikationsgesellschaft führen, sondern dass viele damit umgehen können. Ich könnte weiter fortfahren: Welche Rolle werden Parteien in einer so grundlegend veränderten Kultur spielen? Wir brauchen programmatische Antworten, ohne dass ich selber sage, ich habe sie bereits. Aber wenn sie nicht diskutiert werden, wenn man diese Fragen einfach ignoriert, dann hat man keine Zukunft, jedenfalls nicht als sozialistische Partei. Das ist meine feste Überzeugung.

GYSI: Als Vorsitzender der PDS – bist Du in der Lage, den Leuten in einem Satz zu sagen, was Du Dir unter einem demokratischen Sozialismus vorstellst?

BISKY: Demokratischer Sozialismus ist für mich der Weg zu einer sozial gerechten, solidarischen, kulturell vielfältigen Welt, in der man versucht, soziale Gleichheit zu verwirklichen und erstmals in der Geschichte der Menschheit das Leistungsprinzip durchzusetzen, so dass es eine Differenzierung nach Leistung gibt, aber nicht eine Differenzierung nach irgendwelchen abstrusen Kriterien. Der Sozialismus ist bislang auch daran gescheitert, dass er das Leistungsprinzip nicht durchgesetzt hat. Die Gesellschaft, in der ich jetzt lebe, setzt alles andere durch, nur nicht das Leistungsprinzip.

GYSI: Es gab mal jemanden, der behauptet hat, der Sozialismus sei daran gescheitert, dass er keiner war, und der Kapitalismus werde daran scheitern, dass er einer ist. Ist da was dran?

BISKY: Für mich ist das Problem: Lohnt es am Ausgang dieses Jahrhunderts, nachdem der scheinbar weltweite Sieg des real existierenden Kapitalismus zu konstatieren ist, sozialistischen Ideen nachzuhängen? Ich bin fest davon überzeugt, dass die Welt, so wie sie jetzt ist, zerfallen wird. Sie ist keine Lösung für die Menschheit. Sie präsentiert eine gut kaschierte, aber dennoch brutale Lebensweise einiger Weniger auf Kosten der Mehrheit und der so genannten Dritten Welt, auf Kosten des Sterbens der Natur. Eine solche Gesellschaft kann keine Zukunft haben. Es muss eine Alternative entwickelt werden, in der im Prinzip soziale Gleichheit gilt. Damit meine ich nicht Gleichmacherei, aber soziale Chancengleichheit, gleiche Bildungschancen für alle Kinder, gleicher Zugang zu Kultur, Einkommen, die ein Leben in Menschenwürde sichern. Diejenigen, die meinen, sie müssen unheimlich viel mehr leisten, können ja viel mehr kriegen. Aber die Werte der Französischen Revolution – Freiheit, Gleichheit, Brüderlichkeit – müssen ernst genommen werden, und das werden sie nicht. Der Kapitalismus hat die Brüderlichkeit in die Beichtstühle verbannt, dort wird sie nicht verwirklicht, er hat die Freiheit vom Geldbeutel abhängig gemacht, nicht nur, aber auch, und die soziale Gleichheit hat es nie gegeben. Dafür lohnt es noch, sich sozialistischer Prinzipien, Ideale, Visionen zu erinnern.

GYSI: Im September 1998 hat eine Mehrheit in der Bevölkerung einen Regierungswechsel gewählt. Die Situation nach diesem Regierungswechsel, die Politik der neuen Bundesregierung, ist sie so wie Du es erwartet hast, bist Du enttäuscht oder bist Du angenehm überrascht?

BISKY: Ich will das nicht einfach auf eine Sympathie-Antipathie-Ebene bringen, aber ich bin kolossal enttäuscht. Erst fängt man mit Lafontaine einen Großteil der Stimmen, dann wird er wieder zurückgezogen – oder zieht sich selber zurück, darüber will ich jetzt nicht richten. Jedenfalls hat man mit falschen Karten gespielt, dadurch die Wahlen gewonnen und zwar in sehr komfortabler Weise. Und jetzt setzt man Kohls Politik fort. Ich war letztes Wochenende in London, eingeladen von linken Labour-Leuten. Eingeladen hatten Ellis Mahon und Tony Benn, der innerparteiliche Gegner von Tony Blair. Benn hat mir gesagt: Blair, das ist der Margaret Thatcher mit einem Lächeln.

GYSI: Es gibt böse Zungen, die sagen, dass die jetzt beschlossene Rentenkürzung der Kohl-Regierung so nicht zuzutrauen gewesen wäre.

BISKY: Blüm hätte wahrscheinlich etwas mehr Widerstand geleistet, und sei es aus propagandistischen Gründen, das sehe ich auch so.

In Europa hat es eine Chance für Mitte-Links-Konstellationen gegeben, in denen auch linke Parteien wie wir die Politik mit prägen könnten. Die Mitte-Links-Konstellationen in Europa werden gegenwärtig aber in Frage gestellt. Es gibt das eine Konzept, die Jospin-Regierung, die soziale Leistungen und einen Politikwechsel zu mehr sozialer Gerechtigkeit will – das hat auch Lafontaine vertreten. Dem stellt sich der Blairismus in Großbritannien brutal entgegen. Und Schröder. Um an Tony Benn anzuknüpfen: der alte Kanzler im Kaschmiranzug. Mit ihrem Sparpaket und mit dem Krieg, zu dem sie bereit waren – ich habe den Eindruck, beides fast mit innerer Befriedigung –, erfüllen sie nichts von dem, was sie versprochen haben. Und die Grünen sind dabei nicht wieder zu erkennen. Ich weiß nicht mehr was Grün ist.

GYSI: Du bist enttäuscht?

BISKY: Das ist ein zahmes Wort für das, was mich dabei bewegt. Ja. Die politische Entwicklung in Deutschland hat sich grundlegend verändert, und mit ihr auch die politischen Rahmenbedingungen für die PDS. Man muss neu nachdenken.

GYSI: Aber was bedeutet das für die PDS? Wir haben in Kürze Landtagswahlen in Brandenburg. Ich spekuliere jetzt mal: Die SPD verliert ihre absolute Mehrheit und es steht die Frage, mit welcher anderen Partei sie zusammenarbeitet, um das Land Brandenburg zu regieren. Stünde deiner Meinung nach die PDS in Brandenburg zur Verfügung oder würdest Du sagen: Bei der Einschätzung der Politik der SPD auf Bundesebene ginge das auch nicht auf Landesebene? Muss man da differenzieren? Muss man die Widersprüche in der SPD zum Tanzen bringen oder muss man jetzt einen prinzipiellen Schnitt machen?

BISKY: Der Bundespräsident war jetzt in Jüterbog beim Brandenburg-Tag. Da hat mich Regine Hildebrandt sehr erregt gefragt, wie wir das denn sehen. Sie ist die einzige Ministerin im Stolpe-Kabinett, die mit der PDS etwas machen will. Die anderen sähen sich in einem solchen Fall lieber in der Großen Koalition. Das ist also relativ schwierig, gar nicht wegen der Bundespolitik, sondern bereits wegen der Landespolitik. Die SPD-Fraktion in Brandenburg hat keine Linken mehr mit Ausnahme eines Abgeordneten, bei dem ich auch immer klatsche, aber das ist sozusagen ein Museumsstück der Linken. Die Brandenburger SPD insgesamt hat keine Linke. Wenn die gegenwärtige Regierungspolitik Stolpes fortgesetzt wird, dann kann die PDS weder in eine Koalition einsteigen noch eine SPD-Minderheitsregierung tolerieren. Das wäre der Untergang der Brandenburger PDS, davon bin ich fest überzeugt. Dennoch dürfen wir es der SPD mit der Entscheidung, vor der sie steht, nicht zu einfach machen und sie zu einer Großen Koalition ermuntern oder zwingen. Die SPD steht vor einer Weichenstellung. Sie hat die Chance in Brandenburg das zu tun, was die Mehrheit der Wählerinnen und Wähler wollen, eine Politik für mehr soziale Gerechtigkeit. Sie haben Regine Hildebrandt bejubelt, teilweise zu Recht wegen ihrer Arbeitsmarkt- und Beschäftigungspolitik, wegen eines in der ersten Periode noch sichtbaren Innovationsstrebens der Brandenburger SPD. Das ist alles weg. Aber die PDS kann nicht sagen: Ihr müsst mit Schönbohm gehen. Denn das heißt im Klartext, dass Brandenburg Berliner Verhältnisse will. Dagegen bin ich. Eine Mehltau-Koalition brauchen wir nicht in Brandenburg. Und zwei Drittel der Brandenburger haben die Fusion abgelehnt, weil sie das nicht wollen. Deshalb ist die PDS gut beraten zu sagen: Wir sind für eine Weichenstellung, die PDS in Brandenburg hat neun Projekte, die inhaltlich präzise beschrieben sind, wo sie sagt: das wollen wir. Wenn wir das durchsetzen können, nicht alles, aber im Kern, die SPD dies also akzeptiert, dann kann man darüber reden, ob man zusammen geht. Nur muss man nüchtern sehen: Wenn wir diese neun Punkte in den Mittelpunkt des Wahlkampfes stellen, die SPD echt herausfordern, dann ist die Wahrscheinlichkeit allerdings größer, dass wir Opposition bleiben – immerhin, das ist keine Schande.

GYSI: Weiß Gott nicht. Was sollte ich denn sagen, wenn das eine Schande wäre? Ich verstehe Dich so, dass Du sagst: Selbstverständlich gäbe es in einer solchen Situation von uns auch ein Angebot zur Zusammenarbeit, aber dann müssten inhaltlich auch wirklich Weichen gestellt werden. Wenn die SPD nur ihre bisherige Politik fortsetzen wollte, dann ginge das mit der PDS nicht.

BISKY: Wenn der Unterschied zwischen Stolpe und Schönbohm sozusagen nur in der Haarfülle besteht, dann ist das nichts, worauf wir positiv politisch reagieren können. Wir fordern die SPD in Brandenburg auf, endlich das wahr zu machen, was sie immer versprochen hat. Regine Hildebrandt ist rumgereist bei der Bundestagswahl und hat gesagt: Mensch Leute, wir brauchen den Wechsel, Kohl muss weg und dafür müsst ihr jetzt alle SPD wählen. Beim nächsten Mal könnt ihr ja wieder PDS wählen, das ist mir egal, aber jetzt muss der Wechsel kommen.

GYSI: Und Du stellst Dich hin und sagst, jetzt ist es das nächste Mal?

BISKY: Ja. Die Brandenburger SPD wird auch selber unglaubwürdig. Stolpe sagt, sie müssen jetzt die Landesinteressen in den Mittelpunkt stellen, auch gegen die Bundesregierung. Aber da wird es fragwürdig. Erst war Kohl der Buhmann und sie haben aufgefordert, Kohl durch eine starke SPD abzuwählen. Jetzt ist Schröder der Buhmann, dessen Politik es angeblich nötig macht, die SPD in Brandenburg zu stärken. Aber das gilt nur bis zum 5. September, dem Wahltag. Eine prinzipienlose Politik darf die PDS nicht unterstützen. Da müssen wir Pflöcke einrammen. Bevor wir unkenntlich und genauso beliebig werden wie andere – auch die Grünen in Brandenburg, das sage ich zum ersten Mal in meinem Leben, sind beliebig – sollten wir lieber Opposition bleiben.

GYSI: Das heißt, es wird notwendiger, aber auch schwieriger für die PDS, ihr Profil zu wahren. Würdest Du auch sagen, wir stehen gerade durch die Politik von Schröder bundesweit vor neuen Herausforderungen? Dass wir im Grunde genommen in einer Überforderungssituation sind, weil wir jetzt grüne Politik und linke Sozialdemokratie ersetzen müssten und schließlich auch noch wir selber bleiben sollten – also ein bisschen viel auf einmal? Wenn alle in die Mitte rücken, entstehen natürlich viele Freiräume. Das schafft unsere Partei vielleicht noch gar nicht, diese alle auszufüllen. Und was wird aus dem Westausbau der PDS in dieser Situation?

BISKY: Ich hatte heute eine Klausurtagung des Parteivorstandes, und diese Tagungen sind ja immer so unendlich heiter. Da ging es auch wieder um Ost/West. Ich denke schon, die PDS muss ihre Ostkomponente deutlich hervorheben. Es hilft dem Westaufbau nichts, wenn wir im Osten schwach werden. Es gibt einen Anspruch auf eine solide Vertretung ostdeutscher Interessen, weil wir uns seit 1990 gegen alle Parteien durchgesetzt haben. Das darf uns jetzt nicht abhanden kommen. Und der Westaufbau ist auch eine Angelegenheit der Wessis. Da ist mir gar nicht bange, weil ich glaube, dass wir inzwischen gute Leute im Westen haben, die das auch so sehen und die sagen: es ist schwer, es ist langsam, wir machen es zusammen, wir sind die sozialistische Partei in der Bundesrepublik Deutschland, im Osten mit mehr Mitgliedern und kultureller Verankerung, im Westen schwächer. Aber ohne den Westen geht es auch nicht. Ich möchte nicht zurück zu einer Debatte, dass es von der Menge des Geldes oder von der Menge der Planstellen abhängt, dass die PDS im Westen stärker wird. Wir wissen, wir haben drei Dinge vorzuweisen. Wir haben erstens die 5-Prozent-Hürde in der Bundestagswahl dank der Tatsache genommen, dass Westdeutsche uns gewählt haben – wenngleich nicht in der Stärke, wie wir es uns gewünscht haben. Wir haben zweitens 5,8 Prozent bei der Europawahl gewonnen, weil Westdeutsche uns gewählt haben, teilweise mit Verdoppelung der absoluten Stimmenzahlen. Und das dritte ist, seit dem Kosovo-Krieg ist die PDS eine bundesdeutsche Kraft. Sie ist eine, sie muss nicht mehr eine werden. Wir haben eine bundespolitische Dimension gewonnen. Und das heißt: wir sind die sozialistische Partei der Bundesrepublik mit unterschiedlicher Stärke in Ost und West. Ich möchte gerne den Westaufbau in einer Weise betreiben können, bei der wir uns nicht selbst überfordern. Ich gehe davon aus, es wird lange dauern, es ist steinig, es gibt die kulturellen Differenzen. Eine sozialistische Partei hat es aufgrund des totalitären Antikommunismus in den alten Bundesländern schwer, aber die Chance ist da, und wir müssen sie nutzen. Es wird nie wieder eine sozialistische Partei nur im Osten oder nur im Westen geben.

GYSI: Wenn Du einen Wunsch hättest in Bezug auf die PDS und sagen könntest, dies müsste sich in der Partei über kurz oder lang ändern, damit sie den künftigen Herausforderungen wirklich gewachsen wäre, was würdest Du dem berühmten Zwerg im Wald sagen, was er sofort an der PDS ändern sollte?

BISKY: Ich würde sagen: Mehr Mut zu Ehrlichkeit und Zivilcourage in der PDS, nicht für die PDS als Selbstzweck, sondern um die Veränderungsmöglichkeiten, die wir haben, in dieser Gesellschaft einzubringen.

Einverstanden,
E.H.
Parteiinterne Hausmitteilungen,
Briefe, Akten und Intrigen
aus der Honecker-Zeit.
Herausgegeben von Henrik Eberle
und Denise Wesenberg
Schwarzkopf & Schwarzkopf Verlag

MIT
SOZIALISTISCHEM
GRUSS!
PARTEIINTERNE HAUSMITTEILUNGEN, BRIEFE,
AKTEN UND INTRIGEN AUS DER ULBRICHT-ZEIT
HERAUSGEGEBEN VON HENRIK EBERLE
SCHWARZKOPF & SCHWARZKOPF VERLAG

SCHWARZKOPF & SCHWARZKOPF
GREGOR
GYSI:
NICHT NUR
FRECHE SPRÜCHE

GREGOR GYSI
FRECHE SPRÜCHE
SCHWARZKOPF & SCHWARZKOPF

IMPRESSUM

ÜBER GOTT UND DIE WELT
Gregor Gysi im Gespräch mit Daniela Dahn, Lothar de Maiziere,
Hans-Otto Bräutigam und Lothar Bisky
Herausgegeben von Dietmar Keller und Jürgen Reents
ISBN 3-89602-315-2. Reihe Schwarzkopf Paperback

Kastanienallee 32, 10435 Berlin.

ABBILDUNGEN

Titelbild: Roger Melis, Berlin
Alle Fotos im Innenteil: Archiv Zeitzeugen-TV Berlin